Coleção
Formação
Humana
na Escola

Rosa Vani Pereira

APRENDENDO VALORES ÉTNICOS NA ESCOLA

1ª reimpressão

autêntica

Copyright © 2009 Rosa Vani Pereira
Copyright © 2009 Autêntica Editora

PROJETO GRÁFICO DE CAPA
Jairo Alvarenga

CAPA
Alberto Bittencourt
(Sobre pintura de José Heleno Sorrenti)

EDITORAÇÃO ELETRÔNICA
Tales Leon de Marco

REVISÃO
Cecília Martins

Revisado conforme o Novo Acordo Ortográfico.

Todos os direitos reservados pela Autêntica Editora. Nenhuma parte desta publicação poderá ser reproduzida, seja por meios mecânicos, eletrônicos, seja via cópia xerográfica, sem a autorização prévia da Editora.

AUTÊNTICA EDITORA LTDA.

Belo Horizonte
Rua Aimorés, 981, 8º andar . Funcionários
30140-071 . Belo Horizonte . MG
Tel.: (55 31) 3222 6819

Televendas: 0800 283 1322
www.autenticaeditora.com.br

São Paulo
Av. Paulista, 2073 . Conjunto Nacional
Horsa I . 11º andar . Conj. 1101
Cerqueira César . 01311-940 . São Paulo . SP
Tel.: (55 11) 3034 4468

Dados Internacionais de Catalogação na Publicação (CIP)
(Câmara Brasileira do Livro)

Pereira, Rosa Vani
    Aprendendo valores étnicos na escola / Rosa Vani Pereira. – 1. reimp. – Belo Horizonte: Autêntica Editora, 2010. – (Formação Humana na Escola)

    ISBN 978-85-7526-432-4

    1. Desigualdade social 2. Diferenças individuais 3. Discriminação 4. Educação - Finalidades e objetivos 5. Educação moral 6. Racismo 7. Valores (Ética) I. Título. II. Série.

09-08211   CDD-370.114

Índices para catálogo sistemático:
1. Valores étnicos : Educação   370.114
2. Valores humanos na escola : Educação   370.114

Para minha mãe,
com mais amor do que eu consigo expressar.

Para meus irmãos e meus cunhados
que me desafiam e ensinam a lidar com diferenças pessoais.

Para Odara, Talita e Ramon,
com um desejo imenso de que seus caminhos sejam
férteis de realizações, valores e aprendizado.

Para minhas avós e meus avôs –
gente negra em um tempo no qual não se falava em igualdade.

Para meu pai (*in memoriam*),
ele teria gostado de ler este livro.

Para meus amigos e amigas,
sem vocês meu caminho teria sido muito mais pesado,
muito menos divertido, e, principalmente, esse processo de aprender e
apreender em mim seria/estaria muito solitário.

Para aquelas que me ensinaram o Caminho.

Especialissimamente:
Para João Iago e Pedro Henrique, meus filhos,
fontes férteis de coragem, palavras,
pensamentos, sentimentos e esperança.

Sumário

I. Compartilhando minhas crenças
sobre igualdade.. 9

II. Racismo com tempero de Brasil, o país de maior
população negra fora da África............................ 17

III. Entrando na escola.. 23

IV. Iguais, diferentes, diferentes e iguais:
diversos... enfim 33

V. Para promover a igualdade.............................. 45

VI. Bateu o sinal, vamos voltar para
dentro da escola.. 53

VII. Miscelânea didática... 71

VIII. Finalizando, por enquanto............................ 115

Referências 117

I. Compartilhando minhas crenças sobre igualdade

Quando em janeiro de 2003 foi promulgada uma alteração da LDB[1] pela Lei nº 10.639/03, educadores, militantes e pesquisadores comprometidos com a promoção da igualdade racial puderam comemorar uma vitória perseguida havia décadas pelo Movimento Negro no Brasil. Estava estabelecida, enfim, a obrigatoriedade do ensino de História e Cultura Afro-Brasileira e Africana na Educação Básica e instituído o dia 20 de novembro – Dia Nacional da Consciência Negra – como data a ser comemorada no calendário escolar.

Antes de ser uma alteração legal, construída em gabinetes de gestores de políticas públicas, a Lei nº 10.639/03 foi uma alteração forjada nas ruas, nas escolas, nos seminários, nos encontros, nas reuniões e nas pesquisas de todos(as) aqueles(as) que, historicamente, vinham lutando pelo reconhecimento do importante papel do povo negro na constituição da população brasileira e propondo que a escola fosse um espaço efetivamente democrático, onde as diferenças não fossem traduzidas em desigualdades.

---

[1] Lei de Diretrizes e Bases da Educação Nacional – Lei nº 9.394/96. A Lei nº 10.639/03 inclui no currículo oficial da Rede de Ensino a obrigatoriedade da temática "História e Cultura Afro-Brasileira", institui que o calendário escolar inclua o dia 20 de novembro como "Dia Nacional da Consciência Negra".

A inclusão da temática no currículo tem como princípio a importância de recontar a história das mulheres, dos indígenas e da população negra neste país e no mundo. É preciso que os estudantes saibam que a história do Brasil está permeada de **muitas outras palavras**, que não apenas as palavras dos homens, dos brancos e dos ricos; não existe apenas uma história, e sim várias narrativas.

No entanto, é importante ter a clareza de que o espaço escolar nos exige dois movimentos complementares e paralelos: é preciso combater as desigualdades e promover a cidadania e a equidade. Assim, recontar histórias, lançando luz sobre as lacunas que deixaram mulheres, negros e indígenas escondidos como sujeitos de segunda categoria, é instrumento valioso para combater desigualdades, mas é fundamental sabermos que isso não elimina, por si só, as bases ideológicas que as sustentam. *É preciso ações mais amplas, profundas e, principalmente, intencionais e cotidianas.*

Especificamente no caso da população negra, é preciso saber que criar um ambiente pedagógico inclusivo passa, por exemplo, por cuidar das imagens expostas nos corredores, por criar um conjunto de premissas igualitárias de relações sociais e interpessoais. Não é possível prescindir de ações efetivas para combater o racismo e a discriminação no palco cotidiano, pois é no dia a dia, em momentos como a entrada e a saída de estudantes, nos intervalos e no recreio, que processos discriminatórios ocorrem sem que os adultos estejam atentos e se dediquem a combatê-los.

Para além do currículo oficial, é necessário que a vida na escola seja, em todos os seus aspectos, um espaço e um tempo de aprendizado para o respeito, para o exercício de valores democráticos em que o conjunto de profissionais da escola tenha uma *intenção clara* no seu fazer cotidiano e crie uma *visão compartilhada* de futuro comum, em que as diferenças não sejam concebidas e tratadas como deficiências.

É no **todo dia** que se cumpre a *missão* de educar como um processo de desenvolvimento humano e social. Aprender a ser, aprender a conviver e aprender a aprender só é possível quando nos educamos mutuamente e cotidianamente. Não existe cidadania no *por vir*, não existe participação no *por vir*, não existe respeito no *por vir*. É preciso educar *na* cidadania, na participação e no respeito *desde o agora*, não importa em que etapa da vida estejam os estudantes, não importa se são da educação infantil ou do ensino universitário; sempre é tempo de começar a estabelecer relações humanas e sociais igualitárias.

Sempre é tempo de promover a igualdade, o respeito às diferenças, de combater o racismo, o sexismo, a xenofobia, a homofobia, o preconceito e a discriminação que decorrem das primeiras; e estes são um exercício de coragem e comprometimento. Quem o faz assume a responsabilidade individual e coletiva de tocar em assuntos que são, por vezes, constrangedores, conflituosos e dolorosos, nos quais se misturam sentimentos de medo, vergonha e raiva, e, por isso mesmo, são *imprescindíveis* para o estabelecimento da cidadania, para a promoção dos Direitos Humanos e para o desenvolvimento de uma cultura de paz.

Infelizmente, a história da humanidade está repleta de exemplos que nos mostram que os encontros com os "outros" podem ser eventos recheados de medo, dor, dominação e extermínio e de uma estranheza nociva que estreita o olhar e impossibilita as relações. Não são raros os casos em que pessoas com características físicas e culturais diferentes se encontram, e o que poderia ser o início de um processo de coeducação e ampliação de visão de mundo acaba em morte, violência física e psicológica, conquista e uso da força. Não são raras as explicações e justificativas para o tratamento desigual e desumano que buscam fazer parecer natural que homens e mulheres subjuguem outros homens e mulheres.

Historicamente, a negação de direitos fundamentais, a negação da identidade, da dignidade do "outro" pautam-se em interesses políticos e econômicos e constituem um exercício arbitrário de poder. Por isso, as desigualdades são, antes de tudo, *moralmente inaceitáveis*, além de socialmente perigosas, pois uma sociedade que não permite a cidadania a alguns, na verdade, não permite a cidadania a ninguém. Dizendo de outra forma: em uma sociedade em que grupos mantêm outros grupos em estado de subjugação, os conflitos são sempre inevitáveis e danosos para todos, não há escapatória.

É a necessidade de viver em espaços socialmente sadios, não permeados pela violência e pelo conflito que faz com que seja tarefa de todos construir uma sociedade na qual a condição racial, étnica, religiosa, de gênero, de orientação sexual, de cor *ou quaisquer outros marcadores superficiais das diferenças humanas* não sejam critério para o acesso a direitos nem justificativa para a exclusão social.

A boa notícia é que, para quem não aprendeu a respeitar as diferenças desde o berço, ainda resta a oportunidade de aprender a fazer isso na escola. Portanto, meu convite à leitura deste livro é para que possamos cumprir esse papel; essa é a minha contribuição para esse processo.

É fato que o cotidiano é marcado por desigualdades de várias ordens, mas também é verdade que cada dia nos permite repensar o mundo onde estamos. É preciso acreditar e compartilhar nossas crenças com os demais, e, por falar em crenças, divido as que trago comigo:

1ª

As culturas têm valor próprio, e cada uma traz contribuições incríveis para que possamos construir um mundo melhor.

2ª

Somos todos diferentes, e são as nossas diferenças que nos fazem únicos, mas também parte de um "todo" maior que nós. São as nossas diferenças dialogadas que formam este mosaico fantástico que chamamos de Humanidade.

3ª

Infelizmente, aprendemos muito cedo (com nossas famílias, grupos religiosos, escolas e televisão) que as diferenças não são boas e que pessoas diferentes devem ser tratadas de maneira desigual. Existe a falsa mas forte noção de que algumas pessoas têm mais valor do que as outras em razão da cor de sua pele, de sua religião, sua orientação sexual, seu gênero, sua etnia e sua cultura. Essa classificação de "melhor-pior", "bonito-feio", "civilizado-não civilizado" gera toda sorte de hierarquias na sociedade e tem como consequência as desigualdades sociais e econômicas, a violência, os crimes, as guerras e os conflitos cotidianos.

4ª

É possível mudar a forma como lidamos com a diferença, e a escola é um lugar muito fértil para que isso aconteça, porque é um espaço onde a diversidade está em toda parte. Por ser um lugar onde os diferentes se encontram para construir conhecimento, na escola é possível promover diálogos entre formas de ver o mundo, é possível desconstruir representações sociais que sustentam as desigualdades. Na escola aprendemos por meio dos livros, das palavras e dos silêncios dos professores; aprendemos na hora do recreio, nos corredores, aprendemos sobre temas que não são oficialmente tratados, aprendemos com os olhares e as imagens expostas no material didático. Aprendemos pelas imagens que vemos e pelas imagens que não vemos, e esse aprendizado do não dito, do não explícito é, por vezes, mais eficiente do que as palavras expressas.

5ª

Todas as pessoas têm o direito de viver uma vida plena, mais do que viver ou sobreviver; todos os seres humanos precisam ter sua dignidade e sua identidade preservadas, a salvo de toda e qualquer forma de opressão, para que possam desenvolver-se integralmente. Sendo assim, é preciso combater as causas pelas quais milhares de pessoas são impedidas de exercer seus direitos. Nesse sentido é preciso combater o racismo, o sexismo, a xenofobia e o etnocentrismo e também lutar contra a fome, as doenças físicas e mentais geradas pela miséria; é preciso ter em mente que essas desigualdades não são naturais, não são predeterminadas, mas historicamente construídas.

6ª

O combate às desigualdades, ao racismo, ao sexismo e à xenofobia não é tarefa exclusiva dos sujeitos que sofrem suas consequências. Presenciamos todos os dias fatos que comprovam que as desigualdades geradas por essas ideologias têm feito com que países inteiros entrem em colapso social, econômico e cultural. As guerras entre os povos, os conflitos e a violência tornaram-se cada vez mais cotidianos e pularam os muros das escolas. Chegamos em um momento em que não é mais possível que a escola feche os olhos para a existência de múltiplos processos de eliminação, de degradação e de marginalização a que estão expostos os estudantes. Também não há condições de seguir fingindo que as relações pedagógicas não contribuem significativamente para esses processos.

7ª

É de extrema, inegável e absoluta importância que a educação contemple no currículo, nos projetos, nos rituais e no material escolar a diversidade da qual é composta a sociedade brasileira, e que o faça de maneira crítica. É necessário recontar a história das mulheres, dos indígenas e da população negra deste país, é preciso que os estudantes saibam que a história do Brasil está permeada de muitas outras palavras, que não apenas as palavras dos homens, dos brancos e dos ricos. É imprescindível que a escola saiba a diferença; por exemplo, recontar a história da população negra no Brasil e combater o racismo no cotidiano escolar. Incorporar a história dos negros escravizados, suas lutas e conquistas, o movimento de resistência e de luta contra a escravidão, é instrumento valioso para combater o racismo, mas não o faz sozinho. Criar um espaço inclusivo desde as imagens expostas nos corredores até a história do Continente Africano é instrumento poderoso, mas não se pode prescindir de ações efetivas para combater o racismo e a discriminação cotidiana que reina no interior da escola. Implantar leis, projetos, programas, conteúdos escolares, apesar de ser fundamental, não pode deixar de alinhar-se a uma prática cotidiana de reconstrução das relações sociais, da promoção constante do respeito às diferenças, da intervenção real nos casos em que a discriminação ocorre.

8ª

Acredito que possamos dialogar, recriar e reconstruir nossas relações sociais e interpessoais, tornando-as efetivamente igualitárias, sendo esse o nosso caminho fértil e nossa chance e desafio de sobrevivência como comunidade global.

II. Racismo com tempero de Brasil, o país de maior população negra fora da África

---------- **LEITURA ILUSTRATIVA** ----------

Dois espertalhões enganaram o Rei, dizendo que iam vesti-lo com um traje finíssimo. O Rei, que nunca teve o hábito de questionar-se e cuja vaidade fazia com que vendesse uma imagem de si que não era real, aceitou entusiasmado! Os espertalhões cobraram valores altos, inventando que linhas e botões para tecido tão especial eram muito caros, e cobraram mais caro ainda pela sua mão de obra. Todos na corte fingiram ver o tecido que não existia e a roupa que não existia, exclamando o quanto ela era bela, o quanto ela deixava no chinelo os reis dos países vizinhos, menos belos e majestosos que o rei que vestia aquele nobre traje.

Os espertalhões seguiam com a farsa, fazendo cara de seriedade e às vezes fingindo limpar o suor da fronte de tão cansados por costurar, noites a fio, uma roupa que não existia. O Rei, em sua tradição de não olhar para si e de negar o que os seus olhos viam por pavor de ver a verdade e ter de tomar alguma providência em relação a ela, fingiu que viu o pano, a roupa, fingiu que experimentou e, por fim, anunciou que usaria a roupa em um desfile real pelas ruas da cidade. Naquele mês, o Rei desfilou sua vaidade envolta em um pano que só existia na imaginação dele e na má fé dos espertalhões. Ao longo do desfile, as pessoas nas ruas estranhavam o espetáculo curioso e triste, pensando no quanto era triste ver o Rei fingindo que não sabia aquilo que sabia. O desfile continuou assim, até que uma criança gritou o que todos estavam percebendo: "O Rei está nu! O Rei está nu!". Nesse momento, o Rei percebeu que não poderia enganar-se nem enganar aos outros o tempo todo, estava realmente nu. Mas, mesmo sabendo disso, respirou fundo e continuou o desfile, carregando uma capa que nunca existiu, perdendo, naquele dia, a oportunidade de se tornar um grande Rei.

Em um reino próximo dali, a cena se repetia: não só o Rei, mas um país inteiro tinha a necessidade de ver-se a si mesmo de maneira nobre, bonita e harmoniosa. Nesse país as desigualdades eram profundas e gritantes, mas não importava: os cidadãos faziam coro para dizer que todos eram iguais, amigos e fraternos. E, apesar da fome, da doença, da falta de escola para muitos; apesar dos índices de mortalidade de grupos específicos; apesar do fato de a polícia ter um grupo como suspeito preferencial; apesar da grande diferença de salário entre homens e mulheres, negros e brancos. Apesar da exigência de "boa aparência" – um eufemismo que queria dizer "não negro" – para obter emprego; apesar de analistas de outros reinos revelarem pesquisas desconfortáveis sobre os "ismos"– racismo e sexismo – daquele reino e apesar de muitos outros "apesares" que provocavam pesar em olhos atentos, o país continuava o seu desfile, carregando solene uma igualdade que nunca existiu.[2]

- -

---

[2] Adaptação livre da autora do conto "A roupa nova do imperador", de Hans Christian Andersen.

Uma pequena inserção na construção ideológica do racismo na sociedade brasileira

Nascemos colônia, o que significa que os conquistadores tomaram a terra e exploraram seus recursos naturais e humanos. Mas colonizar não é apenas um processo de apoderar-se da terra; o empreendimento colonizador precisa também aculturar um povo, ou seja, sujeitá-lo, extraindo dele aquilo que lhe confere identidade como indivíduos e como grupo.

Em *Dialética da colonização*, de Alfredo Bosi (1992, p. 16-20, grifos do autor), encontramos uma explicação primorosa desse fenômeno:

> [...] a colonização é um projeto totalizante cujas forças motrizes poderão sempre buscar-se no nível do *colo*: *ocupar* um novo chão, *explorar* os seus bens, *submeter* seus naturais [...] o traço grosso da dominação é inerente às diversas formas de colonizar e, quase sempre, as sobredetermina. Tomar conta de, sentido básico de ***colo***, importa não só o *cuidar*, mas também em *mandar* [...] *aculturar* um povo se traduziria afinal, em – tendo tomado sua terra e mandando nela – *sujeitá-lo*.

Nos primeiros anos da colônia, o processo de aculturação foi direcionado aos povos indígenas. Sob o comando da Igreja Católica, especialmente da Companhia de Jesus, o processo de colonização contou com a efetiva ação dos jesuítas para que não apenas a terra fosse ocupada e explorada, mas para que os seus habitantes – indígenas de várias nações – fossem aos poucos se tornando "*inquilinus*, ou seja, aquele que reside em terra alheia" (Bosi, 1992, p. 11). Uma terra que antes era sua e se tornou posse da Coroa Portuguesa.

Posteriormente, como sabemos, com a chegada dos primeiros *negros africanos escravizados,* o processo de subjugação passou a ser exercido de forma mais sistemática contra esses. No entanto, não bastava apenas subjugar pelo uso da força para garantir o sucesso da dominação, era preciso plantar certezas e justificativas nas almas, nas mentes e nos corações. Para isso, os portugueses construíram maneiras de ver os indígenas e os africanos que oferecessem aos próprios olhos a explicação necessária para a escravidão: falam línguas diferentes, acreditam em deuses diferentes, lidam de maneira diferente com o corpo, têm modos diferentes de ver a vida; então, são bárbaros que precisam ser "civilizados" a partir do modelo de sociedade existente na Europa.

Ao longo da história foram criadas explicações pseudocientíficas sobre a inferioridade dos negros com relação aos brancos que ficaram populares em nosso país, mesmo que, discursivamente, continuemos afirmando a harmonia e a igualdade racial.

Quando, em 1888, a princesa regente abole oficialmente a escravatura, o faz sem nenhuma política complementar de inclusão dos ex-escravos, deixando à margem da sociedade um enorme contingente de pessoas que, tendo construído as riquezas do país, não tinham nada.

Um ano após a Abolição da Escravatura, em 1889, o Brasil se tornou República, e existia toda uma movimentação e preocupação de intelectuais, políticos e da oligarquia para que o Brasil abandonasse o seu passado de colônia e se tornasse uma nação aos moldes das nações europeias.

O problema para os grupos desejosos de construir uma nação europeia em território brasileiro era populacional, uma vez que os intelectuais e burgueses da época pensavam ser quase impossível levar uma nação ao progresso, uma vez que nossa população era composta por mestiços, que eles consideravam indolentes, por negros, vistos como inferiores, e por mulatos, julgados degenerados.

Uma nação não se constrói apenas pelo trabalho e pelos investimentos, mas também pela construção de uma ideologia; o que, no nosso caso, era uma equação difícil de resolver: como sob uma nova concepção de homem e de sociedade iríamos incorporar sujeitos tão diversos quanto à cultura e à pertinência racial? Como garantir que, mesmo numa sociedade em avançado processo de miscigenação como a brasileira, a identidade nacional se constituísse, a nação se modernizasse? Como negar as ideologias racistas europeias que viam nesse processo de mistura racial a prova da degeneração de um povo e de sua impossibilidade de modernização e civilização?

Em busca de solucionar essa equação empenharam-se teóricos como Nina Rodrigues (1862-1906) e outros: eram cientistas, em sua maioria, homens de formação acadêmica nas áreas de medicina, direito e letras. Eles se remetiam a teses que "explicavam" a supremacia racial do homem branco e apontavam soluções de longo prazo para a sociedade brasileira: a mestiçagem iria branquear a população e fazer desaparecer a população negra.

Oliveira Vianna (1883-1951), outro teórico preocupado com a questão racial no Brasil, um defensor do branqueamento populacional, indica para a sociedade brasileira o caminho para sua salvação: o novo perfil do homem brasileiro seria a síntese dos resultados de seleção eugênica das raças brancas, negras e índias. Oliveira Vianna julgava que a superioridade da raça branca iria prevalecer sobre as outras raças consideradas por ele inferiores, e, assim, aos poucos, a população brasileira se tornaria uma população branca.

As análises sobre o que era considerado o "problema do negro" no Brasil tiveram, ao longo da história, vários enfoques, entre eles: o enfoque biológico, que considerava os negros inferiores aos brancos, e o enfoque cultural, que considerava a cultura branca superior à cultura negra. Arthur Ramos (1903-1949), um dos expoentes dessa perspectiva, encontrou na superioridade cultural da raça branca o alicerce para sua hegemonia política, econômica e cultural (LEITE, 1983).

No entanto, foi em meados da década de 1930 que Gilberto Freire (1900-1987) forjou uma explicação confortável sobre a composição populacional do Brasil, criando as bases para a *ideologia da democracia racial*, segundo a qual os problemas raciais brasileiros eram "falsos problemas", uma vez que esse "caldeirão racial" possibilitou a emergência de uma nova raça, com a convivência harmoniosa entre os três povos formadores.

Fato é que, desde o início da República, os debates sobre as desigualdades sociais entre negros e brancos foram formando a maneira multifacetada como entendemos a questão racial no

Brasil, em todos os níveis sociais. As nossas explicações sobre nós mesmos como povo e sobre as nossas diferenças sociais ora reafirmam, ora explicam, ora justificam as desigualdades gritantes das condições de vida entre negros e brancos.

E, apesar de todas as desigualdades e diferenças, continuamos a negar o racismo no cotidiano, mesmo que sejamos expostos em todos os momentos à sua existência. Quando assumimos que o Brasil é um país racista, dizemos que é um racismo cordial, manso e sem maldades. Como na fábula, a realidade grita que o "rei está nu", mas as pessoas agem como se ele não estivesse.

Lembrança do tempo de escola:

O que você aprendeu sobre os negros quando era estudante?
O que você aprendeu sobre os indígenas?
De quais heróis negros você se lembra? Por quê?

III. Entrando na escola

LEITURA ILUSTRATIVA

Bateu o sinal. Os portões se abriram, e eles entraram fazendo um barulho típico. Alguns corriam pelos corredores, e às vezes acidentes aconteciam.

Ao observá-los, percebemos que alguns são magrinhos, outros gordinhos, uns são mais baixos, outros mais altos; têm olhos de cores diferentes, cabelos diferentes, jeitos diferentes.

Alguns entram conversando, outros silenciosamente; ainda há aqueles que trocam figurinhas ou mostram o brinquedo que trouxeram. Têm várias idades e reações variadas em contato com o espaço escolar: alguns choram, outros riem, uns já se apropriaram do espaço, e outros estão assustados diante do desconhecido. Uns vêm com as mães, outros com os pais, outros com os irmãos mais velhos ou nem tão mais velhos assim, alguns chegam sozinhos.

São meninos ou meninas, os pais e as mães de alguns deles estão empregados e de outros não. Aliás, alguns conhecem o pai e a mãe, e outros apenas a mãe *ou* o pai, e, ainda, há aqueles que vivem com tios, avós, primos; há variadas formas de organização familiar.

E as diferenças não param por aí. As famílias das crianças têm diferentes formas de relação com o sagrado, acreditam em deuses diferentes e professam religiões diferentes ou nenhuma religião. Sobretudo, são negros ou brancos ou orientais ou indígenas que, ao atravessarem o portão da escola, não deixam suas diferenças do lado de fora. É certo que dentro da escola tornam-se estudantes, uma categoria que nos diz muitas coisas e que pode esconder outras tantas que são constitutivas de suas identidades.

A escola é uma organização social que tem como papel educar crianças e jovens, e, por ser uma organização social, é possível aferirmos que as concepções de mundo presentes no espaço escolar serão as concepções mais aceitas socialmente. Então, uma sociedade hierarquicamente organizada entre ricos e pobres, negros e brancos, homens e mulheres terá essas hierarquias presentes na escola.

"Todos os estudantes são iguais", afirmamos sempre; mas, na prática, parece que existem "os que são mais iguais do que outros". O que quer dizer que estudantes que possuem características mais próximas do modelo socialmente eleito como *bom-bonito-viável*, tendem a receber tratamento mais cuidadoso no ambiente escolar, o que reflete positivamente na sua trajetória acadêmica.

O contrário também é verdadeiro. Estudos provam que a expectativa de professores sobre alguns estudantes costuma ser baixa, o que significa também que o investimento neles será menor, fazendo com que tenham uma trajetória escolar pior.

> ❖ *Parando para refletir:*
>
> Para você, quais seriam as características de um bom estudante? Como ele é fisicamente? Como é sua família?
>
> O que é considerado socialmente como um modelo "bom-bonito-viável"?
>
> Que tipo de aluno é escolhido para ser destaque em comemorações escolares?

✔ Dica

Para saber mais sobre a "expectativa do professor e o desempenho do aluno", procure na internet: em qualquer ferramenta de busca, digite "expectativas de professor X rendimento de estudantes" e confira os resultados.

Continuando...

Mesmo afirmando a igualdade, a escola vem há anos se debatendo com o desafio de lidar com a diversidade que existe no seu interior. Estudantes têm diferentes ritmos e estratégias de aprendizagem, expectativas, medos, sonhos, culturas e hábitos. Estão em diferentes idades de formação, o que significa que têm diversos estágios de desenvolvimento humano, se entendemos o tempo/idade com a dimensão formadora que tem.

Quem já separou brigas de estudantes na hora do recreio ou na saída da escola sabe que as diferenças se encontram, complementam, dialogam, mas também conflitam no cotidiano, e parte das brigas entre estudantes que separamos são causadas por desrespeito a essas diferenças.

No caso específico das desigualdades raciais, ao participar de reuniões de professores, sabemos também que comentários pouco igualitários e profundamente preconceituosos "escapam" de um ou outro professor; a forma de referir-se a estudantes pode ser muitas vezes racista, machista, preconceituosa, desrespeitosa e discriminatória. São comentários feitos sem a menor parcimônia, sem o menor problema e chocam pela naturalidade com que são feitos. Ou seja, a igualdade frágil que defendemos existir na escola não passa *no teste do cotidiano* escolar, vejamos:

Teste do cotidiano? O que é isso?

Você já percebeu que, em algumas pessoas, há uma diferença ENORME entre suas palavras e suas ações? Isso acontece com organizações também: é possível ouvir um empresário falar a respeito da responsabilidade social e tratar seus funcionários desumanamente ou então não cuidar dos resíduos que sua empresa joga no meio ambiente.

Do mesmo modo, é possível que, DISCURSIVAMENTE, a escola afirme que trata todos os estudantes da mesma maneira, que não permite, promove ou cria situações de discriminação racial, de gênero, sexual ou de classe, MAS tenha ações e posturas COMPLETAMENTE diferentes na prática escolar cotidiana.

Uma escola passa no TESTE DO COTIDIANO quando o discurso está alinhado à prática pedagógica, quando a promoção da igualdade está na palavra e também está no currículo, nos corredores, na cantina, na sala dos professores, nas assembleias escolares, nos colegiados e conselhos escolares, na relação com a comunidade.

Para demonstrar o que queremos dizer, colhemos, ao longo de alguns anos, uma série de relatos em escolas. Em todas elas, quando perguntadas sobre a questão do respeito às diferenças, todas as pessoas afirmavam, categoricamente, que todos os estudantes recebiam tratamento igual, mas as cenas escolares demonstravam o contrário.

Cenas escolares, pílulas da desigualdade no cotidiano

Cena 1

Para promover a socialização por meio de jogos, a professora de educação física resolveu juntar duas turmas de 5ª série na quadra. Os estudantes conversavam bastante, e quando, finalmente, ela conseguiu que prestassem atenção, um pequeno grupo de estudantes ainda estava em um canto da quadra conversando a respeito de algo. A professora, para chamar a atenção para a atividade, gritou do outro lado da quadra: "Ô, crioulinho! Ô, crioulinho, presta atenção, ô, Negrinho do Pastoreio". O menino ficou parado com um nó na garganta, e a professora, percebendo o que havia feito, se apressou a gritar do outro lado da quadra: "Não é racismo, não. Meu marido é bem moreno!"; e virou-se de costas como se mais nada precisasse ser feito. O menino permaneceu no seu lugar, cercado por seus colegas, chorando. Depois, ao relatar o fato em casa, disse: "Ela virou as costas, não xingou ninguém que estava me gozando. E eu agora escuto isso todo dia!".

Escola pública municipal – 2007.

Cena 2

Era horário de intervalo de professores. As pautas das conversas são geralmente relativas a comportamentos de estudantes, salário e trocas comuns de propostas de atividades. Uma professora branca ouve o comentário de uma colega a respeito do novo namorado e comenta: "Deus me livre! Desde pequena fui ensinada que negros não valem nada, eles fedem, e eu não consigo sequer chegar perto deles direito!". Sem perceber (ou percebendo e sem importar-se com o fato) a contração facial da professora negra à sua frente, o grupo continua falando com expressão de nojo: "Eu até faço uma força danada para gostar daquele aluno negrinho, aquele fulano (dirigindo-se para a professora negra) que é aluno seu este ano, mas não consigo nem ao menos chegar perto dele direito!".

Escola pública municipal – 2008.

Cena 3

As crianças, como sempre, inventaram alguma brincadeira nova. Desta vez, uma corria atrás das outras tentando pegá-las numa área aberta da escola; eram crianças de três a cinco anos de idade da educação infantil. Então, uma criança negra de três anos incompletos vira o "pegador", e a partir desse momento as palavras "você não me pega, você não me pega!" dão lugar à seguinte expressão: "Pretinho doidinho, pretinho doidinho, você não me pega, você não me pega", "Preto não corre, preto não é de nada". Observa-se o fato de que as características físicas não eram citadas pelas crianças e só foram adicionadas quando a criança negra fez o papel de pegador.

Escola particular de educação infantil – 2008.

Cena 4

O projeto pedagógico já estava montado. Agora era preciso contratar a consultoria que ajudaria os docentes no planejamento de suas atividades dentro do projeto. O contato foi feito, dias e horários marcados, acertados os valores. No dia marcado, a diretora foi buscar o consultor na rodoviária. Segundo o seu relato mais tarde, ela ficou gelada quando viu que se tratava de um consultor negro; isso porque, dizia ela: "Conheço os meus professores, são racistas demais. Rezei para que ele fosse muito bom de serviço. Foi um alívio quando percebi que ele era competente e que o grupo havia gostado da minha escolha. Sei que a qualquer deslize dele eu é que ia levar, porque escolhi um de 'cor'!".

Escola pública estadual – 2005.

Cena 5

O Conselho de Classe estava reunido para realizar as avaliações bimestrais dos estudantes da 6º série. Definiram por estratégia falar primeiro dos alunos e das alunas que estavam com dificuldades em alguma matéria. A reunião transcorre normalmente, quando um professor diz, a respeito de um aluno negro: "Este aqui não tem jeito, já fiz de tudo. Mas preto não aprende nem rezando, só serve para quebrar pedra mesmo!".

Escola pública estadual – 2004

Cena 6

A aluna da 5ª série entra na sala da diretora chorando e dizendo que algumas alunas da sala ao lado da sua passaram a mão no seu cabelo e começaram a cantar a música "Nega do cabelo duro, que não gosta de pentear". A diretora acalma a aluna, lhe oferece um copo com água e lhe diz para não ligar para que os outros dizem. E completa: "Seu cabelo é duro mesmo, mas eu sei que você penteia".

Escola pública estadual – 2005

Cena 7

Uma professora de educação infantil, em conversa com outras em um curso de formação docente, relata: "Não tem jeito, eu não posso fazer nada a respeito, sou racista e não gosto de crianças pretas. Se eu pudesse, na minha sala elas não entravam. Mas não posso fazer isso sem me causar problemas, então aguento, trato bem, mas sei que não do mesmo jeito, porque não é de coração.

Curso de formação docente – 2004.

Cena 8

Era dia 13 de maio, a professora falava da Abolição da Escravatura e, depois de falar da princesa Isabel e da Lei Áurea, volta-se para um aluno negro e diz,"brincando": "Você precisa tomar cuidado, fulano, porque a princesa assinou a lei a lápis". Seguiram-se risos e comentários por parte de outros estudantes, e a expressão do aluno negro era de vergonha e vontade de sumir. A professora passou para outro assunto. Dias depois, chamou a mãe do aluno, porque queria saber por que o menino não estava mais sendo produtivo nas aulas dela.

Escola pública municipal – 2006.

Cena 9

No primeiro dia de aula o aluno de seis anos diz para a mãe que não quer mais voltar para escola nova. Ao perguntar-lhe sobre os motivos, o aluno responde que outro colega o está chamando de "novato cor de carvão". A professora fez uma intervenção positiva a respeito, o que significou, para o menino de seis anos, a diferença entre querer ou não voltar para a escola nova.

Escola pública municipal – 2006.

Cena 10

A supervisora da creche chegou para a visita pedagógica semanal à instituição. No momento de sua chegada, as educadoras estavam mudando os enfeites dos painéis e decoravam os murais dos corredores. Alguns murais já estavam prontos, e ,neles, foram colocadas imagens de anjos louros, negros e orientais. A supervisora, ao ver os murais, disse: "Cruz credo! Anjinho negro não existe e se existir é anjo das trevas!". A professora responsável pelo mural respondeu que não concordava, mas a supervisora continuou falando a respeito sem ouvir a explicação da educadora sobre os motivos pelos quais quis representar anjos diferentes no mural.

Escola de educação infantil – 2005.

Cena 11

A eleição de diretores estava se aproximando. A escola estava dividida entre duas chapas, e isso gerava um ambiente escolar tenso. As pessoas tentavam manter o bom nível da discussão e da convivência, o que nem sempre era possível. Uma das chapas era composta por uma candidata a diretora negra e uma vice branca. A chapa concorrente usava isso para desqualificar a chapa adversária. Certo dia, no horário do intervalo dos professores, um professor se aproxima da candidata negra e lhe diz o seguinte: "Por que você não pensa melhor no que está fazendo? Veja: você não tem rosto de diretora nem cor de diretora nem cabelo de diretora".

Escola pública municipal – 2007.

Cena 12

A aluna chegou em casa reclamando que a professora de português havia lhe chamado de "macaca" na frente de toda a sala e a expulsou de sala quando ela se defendeu xingando a professora com um palavrão. A mãe foi até a escola, e a reunião gravitou apenas em torno do palavrão que a aluna disse para a professora. No caso da agressão da professora, ficou o dito pelo não dito, e a mãe, com medo de que a filha fosse perseguida na escola, não tocou mais no assunto.

Escola pública estadual – 2006.

Essas cenas não foram, infelizmente, baseadas em obras de ficção, nem as semelhanças entre elas são meras coincidências. Todos esses episódios se desenrolaram em escolas diferentes, foram relatados por pessoas de idades, classes, turnos escolares e épocas diferentes. É triste, mas não foram inventadas; todas ocorreram e ocorrem dentro do ambiente escolar.

São cenas que retratam de maneira contundente que, no universo educacional, mesmo que seus agentes pedagógicos insistam em afirmar o tratamento igualitário entre negros e brancos, a realidade escapa e diz outra coisa, nos mostrando de maneira perversa que as relações raciais no Brasil não são harmoniosas como queremos acreditar e conforme apregoa a *democracia racial vista anteriormente.*

Ao contrário, as relações raciais no Brasil vivem em permanente tensão. Uma tensão ora silenciosa ora abertamente declarada, mas sempre presente.

Também é verdade que os professores presenciam (*e protagonizam*) cenas como essas todos os dias e lidam com elas como se fossem eventos "naturais", isolados, e não parte de um mecanismo maior e mais complexo que exclui negros (entre outros) da escola e do seu direito ao desenvolvimento pleno dentro dela.

Releia as cenas escolares, detenha-se um pouco nelas, vamos dissecá-las para entender o que elas relevam das relações raciais dentro da escola. A seguir preparei um quadro para que possamos refletir a respeito.

Número da cena escolhida:	
Quem são os protagonistas da cena?	
Liste os sentimentos que podem estar presentes no desenrolar da cena.	

O que mais chamou a sua atenção?	
Como você se comportaria se estivesse presente no momento?	
Quais são, na sua opinião, as consequências da situação para a vida do sujeito que foi alvo de tratamento diferenciado. E para o autor do tratamento diferenciado?	

Conte uma cena semelhante que tenha presenciado em sua escola, como professor ou nos seus tempos de estudante.

IV. Iguais, diferentes, diferentes e iguais: diversos... enfim

Somos todos diferentes em algum aspecto. Essa é uma afirmação óbvia. Sabemos que mesmo entre pessoas da mesma família existem diferenças físicas, de comportamento, de opinião e de gostos.

No entanto, mesmo sabendo que a afirmação peca pela obviedade, as relações sociais nos mostram que as diferenças têm papel perturbador quando se trata de determinar lugares no espaço social e, também, dão o tom para as relações que as pessoas estabelecem entre si, principalmente em situações de conflito e em disputas por espaço.

Nesses momentos, geralmente, manifesta-se a tendência de um grupo de pessoas com características parecidas estabelecer que seu grupo é *"superior"* a outro e, por isso, julgam correto requerer para si melhores condições de vida e mais acesso aos direitos.

Nesse ponto, as diferenças costumam ganhar a marca da desigualdade, e, assim, diferenças raciais, físicas, de gênero e de orientação/condição sexual, por exemplo, são usadas como justificativa para privar determinadas pessoas do exercício pleno da cidadania.

Observe jornais, revistas, fatos e dados. Já percebeu que os índices de excluídos socialmente crescem todos os dias? Será mera coincidência o fato de eles serem em sua grande maioria negros(as) e mulheres? Com base nos dados oficiais (IBGE, PNUD, IPEA)[3] podemos afirmar que a pobreza e as desigualdades no Brasil são negra e feminina.

---

[3] IBGE – Instituto Brasileiro de Geografia e Estatística; PNUD – Programas das Nações Unidas para o Desenvolvimento; IPEA – Instituto de Pesquisa Econômica Aplicada.

Dados e fatos sobre as desigualdades

Gênero e Raça

Escolaridade

Um dos momentos importantes que a discriminação se faz presente na vida das pessoas é o momento de socialização via inserção escolar. São os estabelecimentos escolares, juntamente com as famílias, os espaços privilegiados de reprodução (e, portanto, também de destruição) de estereótipos, de segregação e de visualização dos efeitos perversos que esses fenômenos têm sobre os indivíduos.

Os indicadores educacionais expressam, com clareza, as desigualdades a que negros estão submetidos e que, certamente, serão levadas e reproduzidas de forma ainda mais intensa no mercado de trabalho.

> Apesar do crescimento na média de anos de estudo da população em geral (aproximadamente 1,5 anos) ao longo da década 1993-2003, o diferencial entre negros e brancos caiu muito pouco neste período. Se em 1993, esse diferencial era de 2,1 anos a favor dos brancos, em 2003 ele cai apenas para 1,9. Mas estes diferencias são menores para pessoas com 15 anos ou mais de idade e maiores ainda para 12 anos ou mais de escolaridade

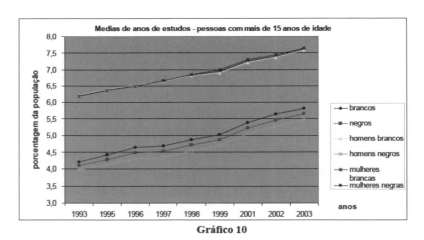

Gráfico 10

> Ainda mais espantosas são as taxas de analfabetismo de pessoas de 15 anos ou mais. Acompanhando o progresso dos indicadores educacionais experimentados pelo Brasil ao longo desses 10 anos, as taxas de analfabetismo apresentaram quedas significativas para a população como um todo, caindo de 16,4% em 1993 para 11,6% em 2003. Os benefícios deste avanço, no entanto, não foram suficientes para eliminar, ou mesmo reduzir, as disparidades entre brancos e negros. Assim, enquanto 16,8% dos negros maiores de 15 anos eram analfabetos, em 2003, esse valor era de apenas 7,1% para os brancos. Gráfico 11.
> Interessante destacar que a média nacional, de 11,6% de analfabetos, coloca os negros como um grupo sobre-representado no universo do analfabetismo, enquanto os brancos, inversamente, estão sub-representados.

Programa Igualdade de Gênero e Raça – UNIFEM
Diretoria de Estudos Sociais - IPEA

Fonte: BRASIL. *Retrato das desigualdades de gênero e raça*. Brasília: IPEA, 2005.

Média de anos de estudo da população ocupada com 16 anos ou mais de idade, segundo sexo e cor/raça. Brasil, 1996 e 2007

Fonte: BRASIL. *Retrato das desigualdades de gênero e raça*. Brasília: IPEA, 2008.

 Dica

Compare as trajetórias escolares de estudantes negros(as) e brancos(as) e veja o quão gritante é a diferença entre os níveis de escolarização deles.

Você viu os dados? Notou as diferenças? Se o fez, por favor, anote as impressões que teve no espaço reservado abaixo.

_____
_____
_____
_____
_____
_____
_____

✎ TOME NOTA: Pesquisas acadêmicas e oficiais têm apontando que existe um processo crescente de feminização da pobreza no mundo; ou seja, as mulheres apresentam taxas mais elevadas nos termos da pobreza, ora absoluta ora relativa. Pesquise, comprove, compare, saiba mais a respeito.

Existem muitas explicações sobre as razões das desigualdades, e algumas delas reforçam o preconceito. Por exemplo, existe uma explicação para a desigualdade entre negros e brancos, homens e mulheres baseada na *meritocracia*.[4] Mas essa explicação apresenta problemas, uma vez que a sociedade brasileira tem desigualdades históricas, e sabemos que, mesmo que todas as pessoas – independentemente do sexo, da cor da pele, da religião, da orientação sexual – possuam as mesmas faculdades humanas, esses atributos foram utilizados como justificativa para dominar, subjugar e impedir o acesso a bens e direitos sociais.

Existem muitos motivadores para o tratamento desigual entre as pessoas – econômicos, religiosos, culturais, entre outros –, e eles têm a ver com nosso processo de socialização. Muitas vezes, somos socializados para ter opiniões prévias a respeito daquele(a) que é diferente, e geralmente são opiniões negativas. É normal que a diferença cause, à princípio, certa estranheza. O grande problema é quando, no contato com as diferenças, um grupo estabelece hierarquias de valores a partir da sua própria forma de ser e de ver o mundo, criando modelos mentais e os reproduzindo como se fossem verdade absoluta.

Fato é que ninguém nasce racista, ninguém nasce machista, ninguém nasce intolerante em relação à religião do outro, ninguém nasce homofóbico; ou seja, ninguém nasce discriminando os outros *a priori*. As pessoas vão se tornando machistas, racistas, homofóbicas e intolerantes à medida que, em sua socialização primária, vão recebendo informações distorcidas sobre os outros, criando modelos mentais recheados de preconceitos.

---

[4] "Meritocracia" (do latim *mereo*, "merecer", "obter"): ideário que afirma que as posições hierárquicas são conquistadas, em tese, com base no merecimento, no esforço pessoal do indvíduo, sem considerar as variáveis sociais, tais como origem, posição social, poder político e econômico.

✎ TOME NOTA: Segundo Senge (1990, p. 27) "Modelos mentais são pressupostos profundamente arraigados, generalizações, ilustrações, imagens ou histórias que influeciam as nossas maneira de compreender o mundo e nele agir". Em outras palavras, os modelos mentais são os óculos que usamos para ver o mundo que nos cerca e não correspondem, necessariamente, à realidade, mas informam as nossas escolhas, opiniões, nossos conceitos e "pré-conceitos" a respeito das pessoas e dos comportamentos. Para pensar e trabalhar pela igualdade, precisamos exercitar a troca de nossas "lentes internas", descobrir com que óculos olhamos para as diferenças entre as pessoas.

O perigo aqui é que nossos modelos mentais, quando não ampliados, investigados e questionados, tendem a estabelecer escalas de valores excludentes para manter-se e, assim, propagam estereótipos e preconceitos, o que em escala ampliada gera discriminação e segregação.

Vejamos um exemplo de como isso pode ocorrer

Maria nasceu em uma família na qual as mulheres são as únicas responsáveis por cuidar da casa; cresceu com a convicção de que as mulheres são as "rainhas do lar". Esse modelo mental nunca foi posto à prova. Na adolescência, em contato com a família de uma amiga, Maria espanta-se ao ver o pai e os irmãos dela dividirem a responsabilidade de arrumar a casa, cozinhar e cuidar das roupas. O impacto da cena em Maria pode gerar nela mesma duas posições a respeito:

Posição A – perceber que é possível, e correto, que todas as pessoas que moram em uma casa cuidem dela, independentemente do sexo.

Posição B – reforçar o seu modelo, avaliando, por exemplo, que a casa não está limpa adequadamente porque não há uma mulher responsável pela limpeza.

O reforço do modelo de que mulheres são as únicas responsáveis por limpar a casa pode evoluir para: "mulheres que não cuidam da casa sozinhas não são confiáveis e cumpridoras de seus deveres" (aqui, o modelo se reforçou a partir de uma escala de valores) e, também, "não são mulheres com as quais eu queira me relacionar".

A partir desse ponto, todas as mulheres que não são donas de casa em tempo integral passam a ser consideradas estranhas, esquisitas ou coisa pior e não merecedoras do respeito de ninguém. Pronto! O modelo mental evoluiu para o preconceito, o estereótipo e a discriminação.

Na formação de modelos mentais é também importante considerar outras variáveis na sua constituição – acesso à informação, vínculos culturais e conflitos entre o que julgamos e o que efetivamente vemos, entre outros –, mas esse exemplo simples nos ajuda a compreender como eles são formados e como evoluem.

A exemplo do que aconteceu com Maria, somos confrontados em nossa forma de pensamento, mas, quando não conseguimos identificar as bases ideológicas sobre as quais pensamos e atuamos, o sexismo, o racismo, a homofobia e o etnocentrismo são reproduzidos sem interferência, gerando toda sorte de desigualdades e desentendimentos e reproduzindo livremente ideologias excludentes.

O exemplo de Maria nos mostra como os nossos modelos mentais atuam e como eles nos fazem criar generalizações apressadas sobre grupos humanos. Muito provavelmente, os estudantes chegam à escola com generalizações e estereótipos de todas as ordens, e é papel fundamental e formador da escola contribuir com os estudantes para criticar suas generalizações, seus estereótipos e seus preconceitos, problematizando-os.

Muitos de nós crescemos acreditando que os ciganos não são pessoas honestas, que mulheres não são capazes de desempenhar certas funções, que homens não choram e que negros são incapazes de aprender, por exemplo. E, pior, seguimos com essas generalizações sem questioná-las.

A boa notícia é que podemos desaprender e reaprender a ver o mundo e as pessoas à nossa volta. Podemos contribuir com nossos estudantes e com nós mesmos para repensar, refletir e modificar nossos modelos mentais.

VAMOS FAZER UM PEQUENO EXERCÍCIO

A frase a seguir é um modelo mental muito difundido em nossa sociedade, leia com atenção e depois responda.

Modelo mental
Todos os negros são intelectualmente incapazes.

Por que penso assim?
Onde ou com quem aprendi a pensar dessa forma?

_____
_____
_____

Posso tornar essa afirmação uma negativa? O que aconteceria?

_____
_____
_____

Qual é a base ideológica do meu pensamento?

_____
_____
_____

Que ações docentes meu pensamento gera?

_____
_____
_____

Se eu tivesse de dar um nome para o meu pensamento, qual nome eu daria?

_____
_____
_____

Leia as frases abaixo e detenha sua atenção em cada uma delas:

- As louras são burras.
- Ciganos roubam o que encontram pela frente.
- Analfabetos não deveriam votar.
- Nordestinos não são inteligentes.
- Mulheres que saem sozinhas à noite estão à procura de aventuras.
- Filhos de pais separados crescem socialmente desajustados.
- Meninos criados pelas avós tendem à homossexualidade.
- Quando o preto não suja na entrada ele vai sujar na saída.
- Filhos de pais analfabetos não conseguem progredir na escola.
- Os homossexuais são desajustados e doentes.
- Todas as feministas são lésbicas.

Agora, pergunte-se sobre o que de fato acredita ser verdade sobre cada uma delas, critique o seu pensamento a respeito, *tornando cada uma das afirmações uma negativa*. Experimente fazer perguntas sobre a origem do seu pensamento, permita-se o confronto com suas formas de pensar e veja como se sente a respeito. Ao fazer esse exercício tenha em mente a frase abaixo: "*O preconceito é uma verdade inventada sobre o outro diferente de mim*".

Para continuarmos lapidando o olhar

Olhe à sua volta com olhos de ver, depois do que conversamos até aqui, observe-se e observe novamente as pessoas com as quais convive; dê uma volta nos corredores da escola, no horário do recreio, olhe seus estudantes, veja que grupos se formaram na hora do recreio, quem está na quadra, quem está sozinho em um canto. Veja! Olhe para os professores na hora do intervalo, na entrada e na saída. Olhe para o formato do rosto das pessoas, seu cabelo, seu corpo, seus olhos. OLHE DE FATO, como se estivesse vendo todas as pessoas pela primeira vez, e perceba o quanto são parecidas e o quanto são diferentes.

Veja o mosaico que todos formamos e pense um pouco sobre a diversidade existente entre nós seres humanos. Tente apenas ver. Isso significa não julgar, ver sem estabelecer escalas de valores, sem classificar, sem "feio-bonito", "positivo-negativo", "bom-ruim", "certo-errado". Esteja atento.

Ao fazê-lo, perceberá que não é possível, nem dentro da escola nem em lugar nenhum deste planeta, realizar o "milagre" da homogeneização dos sujeitos. Nenhuma categoria única conseguiria abarcar a totalidade e a complexidade de nenhum ser humano, e, sobretudo, é real que a nossa suprema igualdade está no fato de que somos todos diferentes.

Somos todos diferentes e somos todos iguais, mas é correto afirmar que aprendemos uma forma de ver as diferenças; vemos de determinados modos, que podem ser muito negativos. Um trecho do livro *O homem invisível*, de Ralfh Ellisson (1952), escritor negro norte-americano, nos ajuda a refletir sobre isso:

> [...] sou um homem invisível. Não, não sou um fantasma como os que assombravam Edgar Allan Poe; nem um desses ectoplasmas de filme de Hollywood. Sou um homem de substância, de carne e osso, fibras e líquidos – [...] sou invisível, compreendam, simplesmente porque as pessoas se recusam a me ver. [...] Quem se aproxima de mim vê apenas o que me cerca, a si mesmo, ou os inventos de sua própria imaginação – na verdade, tudo e qualquer coisa, menos eu. [...] a invisibilidade à qual me refiro ocorre em função da disposição peculiar dos olhos das pessoas com quem entro em contato. Tem a ver com a disposição de seus olhos internos, aqueles olhos com que elas enxergam a realidade através de seus olhos físicos.

Vamos nos deter um pouco na frase de Ellison quando ele escreve: "disposição peculiar dos olhos das pessoas com quem entro em contato. [...] a disposição de seus olhos internos". Uma forma possível de compreender o que ele quis dizer é que podemos ter uma forma preconcebida de ver as pessoas por qualquer atributo que ela carregue, sem, de fato, vê-la verdadeiramente. Ou seja, olhamos de forma preconceituosa e estereotipada, e essa nossa forma de ver determina a nossa forma de tratar e nos relacionar com as pessoas e com os grupos com os quais entramos em contato.

A forma peculiar de ver, a disposição interna para ver as pessoas de determinada maneira não é um fenômeno individual. Socialmente também se constroem formas de ver e, como consequência, maneiras de agir com determinados grupos. Um exemplo disso era a forma como a Alemanha nazista via a si a aos outros: nós, arianos, superiores e destinados a comandar o mundo; eles, não arianos, inferiores, destinados a serem comandados, exterminados e escravizados.

No Brasil, construímos também uma forma peculiar de nos ver. Como já explicitamos anteriormente, nos vemos a nós mesmos como um país da democracia racial, mas continuamos afirmando coisas do tipo: "Só podia ser coisa de preto!", "Preto parado é suspeito, correndo, é ladrão!", "Cada macaco que fique no seu galho". É no teste do cotidiano (de novo!) que o tratamento dispensado a negros e negras descortina a farsa da tal igualdade racial entre nós.

PARA LAPIDAR O SEU OLHAR, DESAFIE-O!

Neste quadro vamos fazer o seguinte exercício: de um lado, você vai escrever sobre um modo de ver o negro que vigora na sociedade brasileira; do outro, vai desafiar-se a ver de outra forma. Treine agora e depois faça isso com seus alunos e alunas.

Modos de ver o negro (preconceituoso e estereotipado)	Modos de ver com o olhar que foi lapidado pelo bom senso
As pessoas negras têm mais dificuldade de aprender.	Todos os seres humanos, independentemente da pertinência racial, podem apresentar dificuldades de aprendizagem em algumas áreas do conhecimento escolar.

Nos espaços a seguir, faça como no exemplo:

Modos de ver o negro (preconceituoso e estereotipado)	Modos de ver com o olhar que foi lapidado pelo bom senso

 Dica

Aproveite o quadro e a oportunidade e faça a mesma coisa sobre modos de ver a mulher, o índio, os homossexuais...

———————— **LEITURA ILUSTRATIVA** ————————

Um conto africano sobre a nossa igualdade e diferença ou ninguém nasce racista, aprendemos a sê-lo

O sapo e a cobra (BENNETT, 1997)

Houve um tempo em que os bichos ainda falavam, e, nesse tempo, um sapinho encontrou um bicho comprido, fino, brilhante e colorido deitado no caminho. Sua curiosidade foi tamanha que ele não resistiu e puxou conversa:

– Olá! O que é que você está fazendo estirada na estrada?

– Estou me esquentando aqui no sol. Sou uma cobra e você?

– Um sapo. Vamos brincar?

Eles brincaram a manhã toda no mato.

– Vou ensinar você a pular.

E eles pularam a tarde toda pela estrada.

– Vou ensinar você a subir na árvore se enroscando e deslizando pelo tronco.

E eles subiram.

Ficaram com fome e foram embora, cada um para a sua casa, prometendo se encontrar no dia seguinte.

– Obrigado por me ensinar a subir em árvore.

– Obrigada por me ensinar a pular.

Em casa, o sapo mostrou à mãe que sabia rastejar:

– Quem ensinou isso para você?

– A cobra, minha amiga.

– Você não sabe que a família Cobra não é gente boa? Eles têm veneno. Você está proibido de brincar com cobras. E também de rastejar por aí. Não fica bem.

Em casa, a cobra mostrou à mãe que sabia pular:

– Quem ensinou isso para você?

– O sapo, meu amigo.

– Que besteira! Você não sabe que a gente nunca se deu com a família Sapo? Da próxima vez, agarre o sapo e... bom apetite! E pare de pular. Nós cobras não fazemos isso.

No dia seguinte, cada um ficou na sua.

– Acho que não posso rastejar com você hoje.

A cobra olhou, lembrou do conselho da mãe e pensou: "Se ele chegar perto, eu dou o bote e devoro ele".

Mas lembrou-se da alegria da véspera e dos pulos que aprendeu com o sapo no dia anterior. Suspirou e deslizou para o mato.

Daquele dia em diante, o sapo e a cobra nunca mais brincaram juntos. Mas ficavam sempre no sol, pensando no quanto foi bom o único dia em que foram amigos.

V. Para promover a igualdade

Para promover a igualdade é importante chamar as coisas por seus verdadeiros nomes, mesmo que a verdade seja constrangedora

As palavras não são neutras, elas têm história e geram sentimentos, pensamentos e comportamentos. Um aspecto importante a ser considerado quando trabalhamos para construir um ambiente pedagógico democrático e inclusivo é usarmos *as palavras certas para dizer as coisas certas*. Explicando melhor: eu não posso combater aquilo que eu não reconheço como verdadeiro ou cuja existência nego, sistematicamente, mesmo que a realidade me diga o contrário.

Parte importante do processo de perpetuação do racismo é o fato de negarmos a sua existência, minimizando os atos de discriminação e preconceito, através de uma prática discursiva que:

a) nega o efeito, a veracidade e a existência do racismo;

b) utiliza de um discurso conciliador que busca determinar como uma pessoa discriminada deve se sentir, pensar e o que deve fazer.

c) distorce fatos e realidades, escondendo a discriminação e o racismo que sustentam as desigualdades na escola.

Quando não nomeamos claramente o racismo, o preconceito e a discriminação perdemos a oportunidade de combater suas ações, de sanar suas consequências. Não podemos também continuar "tomando uma coisa pela outra". Não raro isso acontece no cotidiano da sociedade brasileira, em que é comum vermos uma confusão e uma mistura de conceitos para falar a respeito das desigualdades raciais.

A seguir definimos alguns conceitos que são fundamentais no combate às desigualdades, porque só combatemos efetivamente aquilo que realmente conhecemos:

Racismo
Ideologia, conjunto de ideias que apregoa a superioridade (biológica, cognitiva, cultural) de um grupo humano (denominado erroneamente "raça") sobre outro. No caso do Brasil, a superioridade dos brancos sobre os não brancos.

O racismo tem como desdobramentos e consequências:

Segregação
Consiste em separar grupos geograficamente por critérios raciais, culturais ou religiosos.

Preconceito
Conceitos ou opiniões formadas antecipadamente, *a priori*, em relação a pessoas, etnias, culturas e religiões. O preconceito induz a uma predisposição negativa e, por isso, desconsidera o âmbito individual. Ele pode ter cunho religioso ("todos os evangélicos são loucos"), social ("todos os pobres têm propensão ao roubo"), de condição sexual ("todos os gays e lésbicas são imorais") e, no caso do preconceito racial, podemos dizer que se manifesta por ideias preconcebidas sobre todas as pessoas negras.

Discriminação
Tratamento diferenciado dado às pessoas em função de suas características, como, por exemplo: classe social, religião, sexo, pertencimento racial.

No Brasil, encontramos uma variável do preconceito racial que é o preconceito de cor ou de marca, se exerce em relação à aparência: cabelo, traços do rosto, tonalidade da cor da pele.

> *Fique atento: uma coisa é uma coisa, outra coisa é outra coisa.*

O preconceito do qual estamos falando aqui é o PRECON-CEITO RACIAL. Muitas vezes, quando abordamos o assunto, as pessoas costumam dizer: "Mas gordos, velhos e pobres também sofrem preconceito"; e isso é verdade, como é verdade que precisamos combater o preconceito contra gordos, velhos e pobres. Mas não podemos confundir o preconceito racial ou o preconceito de gênero (voltado para as mulheres) com quaisquer outros. Ainda: a existência de preconceito contra gordos, velhos e pobres não ameniza, justifica ou torna aceitável ou menos pernicioso o preconceito racial.

Um desafio
Olhe para a televisão, veja novelas, propagandas, filmes em que aparecem personagens negros e veja se descobre um padrão na veiculação das imagens. Olhe com olhos de ver.

Releia os conceitos que trabalhamos até aqui, mas, dessa vez, no lugar de apenas ler, dê exemplos de como eles estão presentes no cotidiano brasileiro. Lembre-se: as palavras são mais que palavras, elas se traduzem em ações, sentimentos e imagens, se traduzem em experiências e fatos.

Conceito	Fato comprobatório
Racismo	

Preconceito racial	
Discriminação racial	

Alerta complementar

No caso das mulheres negras, o racismo se conjuga com o sexismo para criar as desigualdades sociais; assim, elas sofrem um processo de dupla discriminação.

Muito embora o sexismo – ideologia que prega e propaga a ideia da superioridade de um sexo sobre o outro, no caso, a superioridade dos homens sobre as mulheres – não seja uma ideologia que atinge e oprime apenas mulheres negras, é com elas que essas duas ideologias excludentes se conjugam, fazendo com que tenham uma posição muito mais frágil na estrutura social.

Quando você for trabalhar as relações de gênero na escola ou for comemorar, ou melhor, quando for "com a memória lembrar" o *8 de Março – Dia Internacional da Mulher*, aproveite para refletir sobre isso.

Outra data importante para as mulheres é o dia *25 de julho – Dia da Mulher Afro-Latino-Americana e Caribenha*.

Ficou curioso? Pesquise a respeito.

Vamos continuar, mas, antes...

Parada para uma reflexão importante sobre a utilização do termo"raça".

> **No *Dicionário Houaiss*, o verbete "raça" tem a seguinte definição:**
>
> *Divisão tradicional e arbitrária dos grupos humanos, determinada pelo conjunto de caracteres físicos hereditários (cor da pele, formato da cabeça, tipo de cabelo, etc.).*

Vamos ler novamente:

"Divisão tradicional **E** arbitrária dos grupos humanos". *Ops!!!* Aqui é importante colocar atenção nos adjetivos.

Tradição é um legado de crenças. Que, não necessariamente, são crenças verdadeiras, mesmo que tradicionalmente aceitas: já foi tradicional a crença de que a Terra era plana e o centro do Universo, como também que mulheres eram menos inteligentes que homens, que homossexualidade era doença e outras tantas crenças incorretas, mas tradicionais e que foram explicadas à luz da ciência e de novas formas – menos tradicionais – de ver o mundo.

Arbitrária quer dizer que essa divisão dos humanos em raças não segue regras ou normas, não tem fundamento lógico, apenas depende da vontade ou do arbítrio daquele que age.

Lembra-se que para Hitler o povo alemão era uma raça superior – a raça ariana – e que essa classificação sem fundamento lógico serviu para justificar todo o horror do nazismo? Atualmente, temos focos dessa ideia espalhados por todo o mundo através dos neonazistas – um grupo famoso no Brasil são os carecas do ABC. Procure saber quem são, o que pensam de si e dos outros e como agem. Isso ajudará a entender o perigo social em que estamos imersos.

Mas isso ainda diz pouco é preciso ir um pouco mais adiante:

> [...] nada, no estado atual da ciência, permite afirmar a superioridade ou a inferioridade intelectual de uma raça em relação a outra [...]. (Levi-Strauss)

Pesquisadores já provaram, por meio de estudos de DNA, que todos os seres humanos possuem uma *única matriz genética*, ou seja, *somos todos parentes biológicos*. Sendo assim, para nós da espécie humana, a ideia de raças é cientificamente nula, e desde as atrocidades do nazismo, no bojo da Segunda Guerra Mundial, o uso do termo para designar grupamentos humanos vem sendo refutado e combatido.

A ciência já provou que todos os indivíduos têm acesso aos mesmos milhares de genes que compõem os seres humanos. Por definição temos acesso a uma reserva comum, ou seja, não há biologicamente raças humanas diversas.

A partir do exposto, podemos concluir que falarmos em raças humanas no plural não é aplicável entre os seres humanos nem é possível classificá-las hierarquicamente como superiores e inferiores.

Mas aqui, de novo, temos o teste do cotidiano, e no dia a dia o termo "raça" é largamente utilizado – política e ideologicamente – para referir-se a grupos humanos com base em marcadores externos, como cor da pele e textura do cabelo. Também é usado com sentido político de afirmação positiva da negritude pelo movimento negro, que, ao utilizar o termo, para dizer da "raça negra", o faz de maneira positiva e estratégica na luta contra o racismo.

Entendermos que, *muito embora o termo "raça" não seja cientificamente aceitável*, para nós brasileiros a "raça" tem um papel fundamental nas relações sociais. No palco cotidiano da sociedade brasileira, infelizmente, funciona assim: homens brancos valem mais que mulheres brancas, que valem mais que homens negros que, valem mais que mulheres negras.

Somos um país racista que não se diz racista, mas a negação de nosso racismo não faz com que as desigualdades raciais desapareçam no cotidiano.

Afirmar que não existe racismo e que nossas relações sociais são harmoniosas é entrar no terreno dos que tentaram inventar a verdade, é insistir em continuar no mundo da fábula da harmonia entre as três raças formadoras.

♪ CANTANDO, APRENDENDO, REFLETINDO:
Dizem que quem canta seus males espanta, mas também podemos cantar para entender os males que nos afligem. Selecionamos uma música para nos ajudar a refletir sobre a questão dos negros no Brasil. Cante com seus estudantes e reflita com eles a respeito.

A mão da limpeza

Letra e música: Gilberto Gil, 1984

O branco inventou que o negro

Quando não suja na entrada
Vai sujar na saída, ê
Imagina só
Vai sujar na saída, ê
Imagina só
Que mentira danada, ê

Na verdade a mão escrava
Passava a vida limpando
O que o branco sujava, ê
Imagina só
O que o branco sujava, ê
Imagina só
O que o negro penava, ê

Mesmo depois de abolida a escravidão
Negra é a mão
De quem faz a limpeza
Lavando a roupa encardida, esfregando o chão
Negra é a mão
É a mão da pureza

Negra é a vida consumida ao pé do fogão
Negra é a mão
Nos preparando a mesa
Limpando as manchas do mundo com água e sabão
Negra é a mão
De imaculada nobreza

Na verdade a mão escrava
Passava a vida limpando
O que o branco sujava, ê
Imagina só
O que o branco sujava, ê
Imagina só
Eta branco sujão

© Gege Edições Musicais Ltda (Brasil e América do Sul)/
Preta Music (Resto do mundo)

Ao analisar a música com seus estudantes, pegue várias estrofes e discuta os dados que apresenta; problematize com eles. Se forem estudantes dos anos finais do ensino fundamental e do médio, faça uma análise do mercado de trabalho – lembre–os de que o trabalho de negros e negras escravizados construíram a sociedade brasileira. Mostre também que, na transição do trabalho escravo para o trabalho livre (em fins do século XIX), a mão de obra de negros escravizados foi substituída pela mão de obra imigrante. Aproveite para explicar aos seus estudantes que essa transição foi consequência de um projeto de branqueamento da sociedade brasileira. Procure dados que corroborem seus argumentos; ajude os estudantes a pesquisarem a respeito. Cante e aprofunde os conhecimentos no embalo da música.

VI. Bateu o sinal, vamos voltar para dentro da escola

Afirmamos que na escola são todos iguais. Os diferentes também?

Já refletimos sobre as cenas escolares, mas se precisar volte a elas, pois uma boa leitura e uma boa reflexão sobre elas serão importantes a partir deste ponto.

Os conflitos entre estudantes na escola acontecem o tempo todo; é comum que eles se desentendam nas brincadeiras e nos jogos, o que não quer dizer que seja aceitável que os docentes deixem de atuar nessas ocasiões, intervindo para oferecer alternativas de comportamento, ou que deixem de aproveitar os conflitos para ajudar os estudantes a desenvolver a empatia e o respeito por si e pelos outros. Infelizmente, são raros os espaços escolares nos quais existem projetos pedagógicos com uma ação preventiva de conflitos ou um conjunto claro de princípios e regras para trabalhá-los de maneira positiva. Geralmente, espera-se o conflito entre os estudantes desembocar para uma agressão física ou chegar ao limite do insuportável para que a intervenção ocorra.

Essa intervenção tardia da escola no conflito dos estudantes fica pior quando o assunto em pauta são as relações inter-raciais.

Quando um aluno discrimina o outro, a escola oferece *o silêncio como resposta* ou justifica o comportamento do aluno que discriminou, chegando a "culpabilizar" quem foi discriminado. E ainda, *evita ou se nega a usar as palavras de forma adequada* para nomear e resolver o problema.

Assim, é comum ouvir nas escolas as frases a seguir:

- *"É comum crianças se xingarem quando entram em conflito!".*
- *"Ele te chamou assim na hora da raiva, sem maldade!".*
- *"As crianças não sabem do que estão falando!"*
- *"É exagero, não precisa criar um conflito por isso!"*
- *"As crianças negras é que não se aceitam e aí é um problema delas!"*
- *"O racismo vem dos próprios negros!"*
- *"Isso é coisa de criança, elas não fazem isso por mal!"*
- *"Essas coisas são brincadeiras não têm a intenção de ofender ninguém!"*
- *"Na hora em que a pessoa está de cabeça quente, fala bobagens, é melhor deixar pra lá!"*
- *"Não ligue, seja superior a isso, pois para Deus todas as pessoas são iguais".*
- *"Crianças não sabem o que é racismo nem discriminação. É um absurdo pensar isso delas!".*

Essas são algumas das desculpas que ouvimos dentro de escolas para amenizar os conflitos raciais, o que serve também para justificar os motivos pelos quais não se trabalha pedagogicamente para a eliminação do racismo e de práticas discriminatórias em seu interior. Dito de outra forma, a escola tende a:

a) Banalizar/naturalizar o problema – dar pouca importância como se fosse uma prática comum entre as crianças, consideradas ingênuas, ofenderem umas as outras.

b) Inverter posições de culpa – colocar o discriminado como "sensível demais" e avesso a brincadeiras ou até, dizer que ele é que tem problemas com sua autoestima ou com o fato de ser negro; afirmar ainda que os negros discriminam outros negros porque não aceitam a sua condição racial.

c) **Silenciar** – fingir que não viu, ouviu ou percebeu as manifestações de discriminação, o que pode acontecer por não saber qual atitude tomar ou por intimamente concordar com o que foi dito, visto e feito;

d) **Neutralizar** – fazer a agressão perder a força, sobretudo, quando ela não é nomeada de maneira verdadeira: discriminação racial decorrente de racismo.

O grande problema dessas formas que a escola encontra de lidar com a questão é que, ao agir assim, oferece aos estudantes uma espécie de **"salvo conduto"** para agirem de maneira negativa com outros e esvazia a prática pedagógica do seu significado de formar para a cidadania.

Ao naturalizar, banalizar, neutralizar, inverter posições ou silenciar sobre os eventos de discriminação que ocorrem na escola, o professor age como se não fosse tarefa sua orientar os estudantes para a convivência pacífica e respeitosa com diferenças.

É importante pensar como cada um de nós, docentes, concebe seu papel na promoção dos Direitos Humanos e da cidadania, não uma cidadania no porvir, mas uma vivência efetivamente cidadã a partir da construção de um ambiente educativo promotor dessa convivência.

O cotidiano nos alerta que atos e palavras que julgamos inocentes (literalmente em latim *in* + *nocens* = não nocivo, sem maldade) têm consequências drásticas na vida de quem sofre essas ações, bem como na vida de quem as pratica, pois abre rachaduras profundas no tecido social que são de difícil reparação e que sempre geram conflitos no cotidiano.

Há um ditado que aprendemos com nossos familiares que nos alerta sobre o perigo de "deixar passar", "não meter a colher de pau", "fingir que não viu" e/ou ainda banalizar o sofrimento de alguém justificando a agressão física ou verbalmente: "quem cala consente". E quem se cala diante de qualquer tipo de injustiça é responsável por sua manutenção.

> *Teremos de nos arrepender nesta geração não somente pelas odiosas palavras e atos das pessoas más, mas pelo silêncio aterrador das pessoas boas.*
>
> MARTIN LUTHER KING
> Carta da Prisão de Birmingham, 1963

Conhecendo o terreno...

O trabalho com a promoção da igualdade racial, do respeito às diferenças individuais e culturais e da igualdade de gênero é um *continuum*; ou seja, é preciso estabelecer uma série de princípios e condutas que, ao serem observadas, ensinadas e aprendidas por todos, resultem no estabelecimento de relações efetivamente igualitárias. A promoção da igualdade pressupõe a construção de um ambiente educativo que favoreça a mudança de posturas e condutas e no qual a convivência pacífica e respeitosa entre as diferenças se torne a base para a construção do conhecimento. Iniciar um trabalho assim implica "olharmos com olhos de ver" o ambiente escolar e, através desse olhar, perceber os aspectos que precisam ser trabalhados.

O roteiro a seguir é uma sugestão de diagnóstico do ambiente educativo no que se refere à forma de tratamento com as diferenças na escola.

> Por **ambiente educativo** entendemos o todo da escola, ou seja, ele é constituído do conjunto de condições materiais, culturais, dos princípios e dos valores que envolvem todas as pessoas dentro da escola.

Para realizarmos qualquer projeto dentro da escola é importante, antes de tudo, sabermos como a escola lida com a temática racial e da promoção da igualdade. Ao realizar uma leitura da escola, saberemos quais necessidades educativas nosso projeto pode atender, quais os problemas queremos solucionar e, principalmente, saberemos a dimensão exata do problema ou da questão com a qual vamos lidar no ambiente escolar.

A seguir você encontra uma proposta de diagnóstico que, depois de respondido, dará subsídios para a elaboração de um projeto com a temática racial.

É interessante que, ao respondê-lo, você observe o cotidiano escolar. Quanto aos aspectos perguntados, é interessante, também, que o submeta a outras pessoas dentro da escola: familiares, estudantes e colegas de trabalho (que podem ser docentes e outros técnicos). Assim, será possível, depois, comparar as respostas, discuti-las, refletir sobre elas. Essa troca já é um movimento importante para fortalecer e criar ações, procedimentos e atividades importantes relativos à temática.

Diagnóstico do ambiente educativo

	Aspecto do ambiente educativo	Sim	Não
1	Todos os estudantes recebem o mesmo tipo de tratamento por parte de todos os professores?		
2	A escola possui *diretrizes explícitas* de não discriminação (de raça, gênero, idade, religião e orientação sexual)?		
3	A escola adota *ações pedagógicas preventivas* contra qualquer forma de discriminação?		
4	Quando há algum tipo de discriminação, a escola adota *uma postura clara* baseada em um conjunto de valores e normas predefinidos?		

Aspecto do ambiente educativo	Sim	Não
5	Quando alguém atenta contra os direitos de outra pessoa, incluindo direito à identidade, há uma intervenção pedagógica que ajude na modificação do comportamento (ação reflexiva e formativa)?		
6	Quando surgem conflitos há envolvimento de todos na resolução deles? É um momento rico para aprender e ensinar novas posturas?		
7	Há respeito aos objetos pessoais de estudantes, professores e funcionários?		
8	Há espaços onde os estudantes, funcionários, professores e familiares podem expressar suas opiniões, e, quando o fazem, não são ridicularizados ou seus comentários minimizados?		
9	As disciplinas, os livros de texto e o acervo da biblioteca contemplam diferentes perspectivas, considerando gênero, raça, diversidade religiosa, deficiência e condição sexual?		
10	As atividades culturais na escola buscam representar (sem folclorizar) diferentes culturas e valores?		

Aspecto do ambiente educativo		Sim	Não
11	A comunidade escolar tem a oportunidade de participar de forma democrática da constituição das normas, dos processos decisórios e da elaboração, revisão e mudanças do projeto político-pedagógico?		
12	Ninguém na escola é submetido a tratamento humilhante?		
13	A escola se assegura de que as atividades, o material didático e as linguagens usadas sejam não discriminatórias?		
14	Na decoração do ambiente escolar, a escola opta por imagens que representem a diversidade e a identidade dos estudantes?		
15	No projeto político-pedagógico da escola estão definidos procedimentos para promoção da cultura de paz, do respeito à identidade e da igualdade?		
16	A escola é um espaço de vivência da cidadania e da democracia?		
17	Existem associações ou espaços apropriados para que os membros da escola se organizem para propor ações, atividades e políticas que contemplem seus direitos?		

	Aspecto do ambiente educativo	Sim	Não
18	A escola assume a responsabilidade de garantir que as pessoas não se discriminem mutuamente em seu interior?		
19	Os membros da sua escola participam de momentos em que são refletidas ações para resolver problemas relativos a justiça, ecologia, pobreza, unidade na diversidade e cultura de paz?		
20	O colegiado ou conselho escolar se envolve efetivamente com questões de promoção da igualdade e respeito às diferenças?		
21	Existe um Regimento Interno da escola elaborado e conhecido por todos?		
22	O processo de formação de docentes reserva espaço para a temática da promoção da igualdade e do respeito às diferenças?		
23	Há formação de outros adultos da escola (vigias, auxiliares de serviços gerais, auxiliares administrativos, bibliotecários) para a promoção da igualdade?		
24	Há canais de comunicação que recebam reclamações sobre algum tipo de tratamento abusivo, discriminatório ou preconceituoso?		

	Aspecto do ambiente educativo	Sim	Não
25	Os professores *não* fazem, mesmo que às vezes, comentários discriminatórios e preconceituosos a respeito dos estudantes?		
26	Existem normas escritas e afixadas de promoção da igualdade, respeito às diferenças e incentivo constante da cultura de paz?		
27	A escola reserva momentos de trabalho pedagógico para a construção de conhecimentos sobre a legislação dos Direitos Humanos e de Estatutos como o Estatuto da Criança e do Adolescente?		
28	Existe a preocupação de promover a igualdade entre meninos e meninas?		
29	A escola tem a preocupação de garantir que meninos e meninas ocupem de maneira igualitária os ambientes escolares, como a quadra, por exemplo?		
30	Existem estratégias e regras claras quanto ao respeito às diferenças e resolução pacífica de conflitos para o momento do recreio dos estudantes?		
31	Há investimento pedagógico para que meninos e meninas, negros e não negros aprendam e tenham bons resultados escolares?		

Responda o questionário com calma. Se precisar observe o cotidiano da escola sob cada aspecto citado.

Use o questionário, acrescente aspectos que julgar importantes, passe para outros professores, para estudantes, para os familiares, funcionários – quanto mais pessoas responderem, mais fiel será o retrato do ambiente educativo da sua escola.

Depois que terminar de responder, monte a escala a seguir.

Observe que não há a intenção de somar pontos ou avaliar em azul ou vermelho as respostas dadas. A ideia aqui é fazer com que haja uma reflexão sobre os aspectos citados, e a escala serve para você visualizar de outra forma o momento atual da temática em sua escola.

Escala de Promoção da Igualdade e do Respeito às diferenças na escola

	Sim	Não
1		
2		
3		
4		
5		
6		
7		
8		
9		
10		
11		
12		
13		
14		
15		
16		
17		
18		
19		
20		
21		
22		
23		
24		
25		
26		
27		
28		
29		
30		

Marque as respostas de acordo com o questionário. De preferência use cores diferentes para marcar "sim" e "não" e depois reflita sobre a escala. Ela dará a você um retrato inicial do ambiente educativo e a partir dele você pode começar um processo de mudança.

Pronto! Você já tem um retrato do ambiente educativo da escola, já tem um diagnóstico da sua escola. Se você considerou o resultado positivo, pense nas ações que poderiam ser desenvolvidas para que a escola continue no caminho.

Se o resultado não foi positivo, pelo menos agora você já sabe que tem problemas no ambiente educativo que precisam ser enfrentados para que a sua escola seja efetivamente inclusiva e democrática.

Muitas vezes, vemos uma situação problemática e não sabemos por onde iniciar a mudança. Uma boa forma de começar é fazer uma avaliação das necessidades e possibilidades pessoais e do grupo.

Reflita sobre os resultados do seu diagnóstico, saboreie, retorne, faça de novo, exercite a imaginação para desenhar mentalmente como seria o ambiente educativo se fosse mais inclusivo.

Imagine como seriam os resultados escolares de seus alunos se a escola oferecesse a eles um ambiente de aprendizagem seguro, desafiador, repleto de possibilidades de construção de conhecimento, de desenvolvimento social e humano. Depois de imaginar como seria, pense em qual a sua responsabilidade para contribuir para a transformação desse ambiente.

Importante ressaltar que, quando queremos dar uma nova contribuição para a educação, devemos nos preparar. Isso significa rever nossas posturas, nossa história e, principalmente, nossos talentos, nossa disposição e nossos propósitos.

Em se tratando da promoção da igualdade e do combate ao racismo, essa preparação tem a ver com lermos a respeito do assunto, conversamos com outras pessoas, frequentar cursos de formação e, principalmente, realizarmos uma análise interna que nos ajude a perceber *o que temos, o que não temos e o que precisamos ter e fazer* para colocarmos as mudanças em movimento.

Lidar com a diversidade não é apenas um exercício teórico; é, sobretudo, um exercício humano, político, cidadão e coletivo. Assim sendo, é preciso que qualquer mudança aconteça "**de dentro para fora**". É preciso criar condições internas para realizar o trabalho que pretendemos.

Uma forma de promover isso é *nos fazer perguntas*, pois são elas as grandes promotoras de mudança e aprendizado. São as perguntas que nos levam a questionar as ordens estabelecidas, a problematizar o real. É é em busca de respostas para elas que nos colocamos em movimento de aprender, ressignificar, alterar.

As perguntas a seguir foram divididas em categorias, numa tentativa de abarcar o maior número possível de questões a serem respondidas para iniciar o trabalho de combate ao racismo e à promoção da igualdade na escola. Antes de respondê-las, leia a explicação das categorias para facilitar suas respostas.

Categoria	Explicação
Perguntas sobre **Observação**	Têm a função de sistematizar o que você já sabe sobre o problema e sua manifestação no cotidiano da escola. Ao responder, busque colocar dados, citar fatos, se precisar tire uma semana para observar o cotidiano da escola em vários momentos: sala de aula, recreio, entrada e saída de estudantes, entre outros.
Perguntas sobre **Sentimentos/ Afetos**	O tratamento desigual e discriminatório das diferenças aciona sentimentos em todas as pessoas envolvidas. Descreva-os lembrando que nem sempre os sentimentos são verbalizados, mas podem ser vistos em alteração de comportamento, etc. A ideia é perceber que o racismo, ou qualquer outra ideologia discriminatória, gera problemas emocionais no ambiente e envolve todas as pessoas que atuam nele.

Categoria	Explicação
Perguntas sobre **Antevisão**	Todo comportamento positivo ou negativo, todo ambiente inclusivo ou excludente apresenta consequências ao longo do tempo. No caso específico da questão racial, como será o futuro caso a situação continue da mesma forma? E, se a situação for alterada, como poderão ser as relações sociais dentro da escola? Que vantagens uma alteração traria para o desenvolvimento pessoal e educativo de todos os envolvidos?
Perguntas sobre **Mudanças**	Pontue as mudanças pequenas e grandes que poderiam ser produzidas no ambiente escolar. Aos listá-las, comece das mais viáveis e que não precisam de recursos externos. Lembre-se: pequenas mudanças ao longo do tempo produzem grandes mudanças. Nossas avós já diziam que "água mole em pedra dura tanto bate até que fura".
Perguntas sobre **Contribuição Pessoal**	Olhe para dentro de você mesmo e anote o que você pode fazer para ajudar na promoção e na produção de mudanças. Examine suas habilidades, ações, condições e coloque-as no papel.
Perguntas sobre **Iniciativa Pessoal**	As pessoas podem ter contribuição para dar, mas não tomar iniciativa de fazê-lo. É isso que distingue esse conjunto de perguntas do conjunto anterior. Nele você vai listar o que se dispõe a fazer para promover a mudança.

Categoria	Explicação
Perguntas sobre **Suportes**	Liste o que você vai precisar para promover a mudança. A ideia é ajudar você a montar uma "caixa de ferramentas" para iniciar o projeto de promoção da igualdade.
Perguntas sobre **Apoio Estratégico**	Quando lidamos com a temática de combate ao racismo e promoção da igualdade, é possível que vivenciemos situações desafiadoras, para as quais precisaremos de apoio. É interessante saber onde buscar apoio antes de começar. Saber que podemos contar com outras pessoas fortalece a caminhada e impede que o projeto "morra na praia" diante da primeira onda de dificuldades. Olhe à sua volta e liste os apoios que tem dentro e fora da escola.
Perguntas sobre os **Envolvidos**	Um projeto desse porte envolve muitas pessoas, pode acontecer de iniciarmos um projeto e, no meio do caminho, lembrarmos que precisaríamos considerar outras pessoas. Liste-as antes, pense formas de envolvê-las e boa sorte.

De dentro para fora: fazendo as perguntas para encontrar as respostas.

Perguntas sobre Observação

- Como você vê o tratamento às diferenças na sua escola?
- De quais *fatos você sabe* a respeito do assunto?
- De onde vem o seu saber? Como você soube desses fatos?

Perguntas sobre Sentimentos /Afetos

- O que *você sente* a respeito do tratamento desigual às diferenças?

- O que *você acha* que as pessoas que são discriminadas (por qualquer razão) sentem?
- Quais são, *em sua opinião*, os efeitos do tratamento discriminatório na saúde física e emocional das pessoas?
- Como você acha que essas pessoas se sentem no ambiente escolar? E quais impactos isso causa no seu aprendizado?

Perguntas sobre Antevisão

- Qual o significado da temática para a sua própria vida e para o seu exercício profissional?
- Se o tratamento às desigualdades continuar da forma como está atualmente, que consequências futuras podem ser esperadas?
- Como a realidade do tratamento às diferenças poderia ser tratada e alterada no ambiente escolar?

Perguntas sobre Mudanças

- O que é necessário para que a atual realidade se torne ideal?
- O que, exatamente, precisa ser feito para que a realidade atual mude?
- Como essas mudanças podem acontecer? Cite pelo menos 10 maneiras de conseguir realizar essas mudanças?

Perguntas sobre Contribuição Pessoal

- O que seria necessário para você *se envolver* no processo de mudança?
- O que você sabe e gosta de fazer que pode ser útil para contribuir com as mudanças (por exemplo: gosta de ler, de desenhar, de música)? E como utilizar isso para contribuir?

Perguntas sobre Iniciativa Pessoal

- Você tem a intenção de usar suas habilidades para promover a mudança?
- Com quais pessoas você começaria falando a respeito de suas ideias de mudança?

- Como você faria? Que estratégias, tempos e espaços você poderia criar para fazer com que outras pessoas se reunissem para trabalhar o assunto?

Perguntas sobre Suportes

- De quais suportes didático-pedagógicos você precisará para desenvolver um projeto de tratamento igualitário das diferenças na escola?
- De quais recursos você já dispõe?
- Além dos recursos de que já dispõe, quais outros seriam necessários? Onde e como você pode consegui-los?

Perguntas sobre Apoio Estratégico

- Que apoio estratégico você tem para tratar o assunto caso ele seja de difícil tratamento?
- Se surgir algum incômodo específico, como você poderá tratá-lo?
- Quem pode ajudar você a tirar o melhor proveito de uma situação conflituosa, transformando-a em um passo positivo para os resultados do processo de mudança?

Perguntas sobre os Envolvidos

- Quem são as pessoas envolvidas direta e indiretamente no processo de mudança?
- Como você envolveria as famílias dos estudantes no processo?
- Existem pessoas ou grupos na comunidade com os quais você poderia fazer parcerias?
- Que pessoas e/ou grupos (mesmo que não sejam da comunidade escolar) você poderia procurar para contribuir com o processo de mudanças?

Plano de trabalho – como vamos fazer?

O trabalho de combate ao racismo e de promoção da igualdade pode ser iniciado a partir de um problema surgido na escola (as brigas no recreio, por exemplo). Mas o docente também pode provocar uma reflexão a respeito. Lembre-se: não precisamos esperar que um aluno mate outro para trabalharmos a importância do respeito à vida.

> **No seu "como fazer", você pode utilizar algumas estratégias, tais como:**
>
> - Fazer assembleias escolares com os alunos para refletir sobre o problema.
> - Pautar o assunto (e suas propostas) em reuniões de professores ou, primeiro, com um pequeno grupo de professores para depois conversar com os outros.
> - Procurar ajuda de organizações fora da escola.
> - Pautar a discussão em reunião com os pais, explicitando o trabalho que você vai realizar e solicitando sugestões e ajuda.
> - Usar instrumentos como um livro, uma música, uma pesquisa, uma data comemorativa, uma análise de uma cena de filme ou de telenovela.
> - Adaptar o questionário diagnóstico para a sua turma, solicitar aos seus alunos que façam entrevistas em casa e na escola.
> - Pedir aos alunos que avaliem as relações entre si: quais são os conflitos, que motivos geram as brigas, o que acontece na entrada, na saída, na hora do recreio.
> - Avaliar propostas de mudanças que surgiram durante os exercícios anteriores, analisando os materiais/recursos que você já tem. Veja como eles já podem ser utilizados no seu projeto.

Uma dica fundamental

Não tenha medo de estabelecer regras! Na escola, sempre estabelecemos regras *com* os alunos ou *para* eles (melhor que seja *com* eles). Assim, todos concordamos que não se pode fazer guerra de comida no refeitório, bater no colega, falar palavrões; mas, infelizmente, outras regras passam despercebidas no conjunto de regras que estabelecemos.

É claro que algumas são criadas a partir de um evento específico (por exemplo, podemos criar a regra de que os alunos têm de entrar na sala pela porta, e não pela janela, a partir de um dado momento em que os alunos estão achando mais divertido pular a janela do que passar pela porta), *mas* regras como a não discriminação e a não ofensa, entre outras, podem ser estabelecidas antes, de maneira preventiva.

É importante que o professor se lembre que nem sempre o que é óbvio para um adulto o é para uma criança, um adolescente ou um jovem. É preciso que o adulto cumpra o seu papel de ensinar a convivência respeitosa.

Mas lembre-se sempre:

> *É FUNDAMENTAL CRIAR UM AMBIENTE SEGURO PARA FALAR DE COISAS AMARGAS!*

É fundamental um ambiente em que existam regras claras de comportamento; em que os alunos entendam os motivos pelos quais determinado assunto vai ser tratado; um ambiente em que alunos possam se expor de maneira segura, tendo garantido o seu direito à voz, à opinião e, principalmente, a sentimentos oriundos de situações de discriminação, sem que isso seja motivo de riso ou outras piadas; ou ainda em que a pessoa que se expõe tenha a sensação de que foi compreendida, uma vez que é comum que adultos tentem dizer para crianças, adolescentes e jovens que seus sentimentos não são verdadeiros com frases do tipo: "não ligue para isso", "não foi bem assim", "não está doendo nada", "você está exagerando". Não é nosso papel desautorizar os sentimentos dos nossos alunos; é nosso papel ajudá-los a compreender, nomear e lidar positivamente com suas emoções, suas dúvidas e seus processos.

Sugerimos a seguir um conjunto de atividades que podem ajudar você na sua caminhada e no alcance de seus objetivos.

VIII. Miscelânea didática

Alguns destes percursos no trabalho de promoção da igualdade na escola

Esse ideograma pertence "a um conjunto de símbolos gráficos chamados adrinkra dos povos Akan, África Ocidental" (NASCIMENTO, 2008)[5] e significa "aquele que não sabe pode vir a saber através da aprendizagem", acreditando que todo percurso é, antes de tudo, uma forma de "vir a saber" sobre nós mesmos, sobre o mundo, sobre os outros e sobre novas e melhores maneiras de relação.

Novamente convido você a explorar, testar, esquadrinhar, esmiuçar, desfazer, refazer, inovar, enfim: "pintar e bordar". Descubra o que funciona para você e para seus estudantes, adapte, reinvente e, depois, conte-me como foi, está bem?

---

[5] Para saber mais sobre os ideogramas Adrinkra e suas possibilidades de trabalho com seus estudantes, acesse também: <http://www.adinkra.org/htmls/adinkra/neao.htm>.

A propaganda é a alma do negócio

Ao desenvolver projetos e atividades de combate ao racismo e promoção da igualdade na escola, crie uma dinâmica de informação, sensibilização e mobilização através de imagens, cartazes, faixas, jornal da escola, exposição do trabalho de estudantes, entre outros.

Divulgue o projeto – dentro e fora da escola. Mostre para outras escolas, publique, conte para seus amigos, conte para os familiares de seus estudantes, para organizações sociais, para as lideranças da comunidade.

Envie cartas para outros professores, para a Secretaria de Educação de sua cidade... "Ponha a boca no mundo". Contar as coisas legais que estamos fazendo é uma forma de conseguir apoio, de recebermos críticas que podem aprimorar o trabalho e de mostrar para outras pessoas que é possível fazer alguma coisa. As pessoas só podem se envolver se souberem o que está acontecendo, então: DEIXE-AS SABER.

Olhando com olhos de ver

Treine e ajude seus estudantes a treinar o olhar e o senso crítico – peça-lhes para observar como são tratadas as diferenças raciais e de gênero nos meios de comunicação, nos cartazes e panfletos de lojas, nas propagandas, nos livros didáticos. Questione com eles os estereótipos que são reproduzidos nos veículos de comunicação, nas piadas, nas histórias, nos filmes e nos desenhos.

Trabalhe fotos tiradas de livros, revistas, jornais e internet que tragam possibilidades de reflexão sobre o tratamento das diferenças. Problematize personagens e situações, confronte imagens e ajude-os a verbalizar. A ideia aqui é destruir estereótipos sobre negros, mulheres, homossexuais, etc., "desnaturalizando" a forma como são sempre apresentados pelos veículos de comunicação.

Lembre-se: imagens às vezes dizem mais que palavras.

Vendo TV

Quais programas de televisão seus estudantes veem? Pergunte a eles, pergunte aos familiares. Que imagens, comportamentos, posturas, visões, preconceitos e valores esses programas veiculam? Assista a alguns e depois ajude seus estudantes a repensarem os modelos de relação de poder, dominação e os conflitos existentes em desenhos animados, programas, seriados e novelas.

Fazendo juntos!

O trabalho em grupo é uma atividade bem comum na escola e pode ser usado para realizar pesquisas sobre a realidade de negros, mulheres e direitos das crianças, entre outros.

Uma dica é aproveitar a própria dinâmica do trabalho em grupo para trabalhar o respeito às diferenças e também estar atento para que os membros dos grupos de trabalho não sejam sempre os mesmos.

É bom aproveitar a oportunidade para ensinar aos estudantes as metodologias de construção de conhecimento: como colher e tratar informação, como apresentá-las, como fazer sínteses. Ensine a pesquisar várias fontes de referências, a procurar palavras em dicionários, a citar bibliografia, a criar roteiros para entrevistas. Disponibilize e ensine-os a lidar com instrumentos como gravadores, filmadoras, computadores, retroprojetores e projetores de *slide*.

Quando os grupos forem apresentar o trabalho, solicite que os estudantes falem do processo de produção do trabalho. Como foi trabalhar em grupo? O que aprenderam uns com os outros? Tiveram momentos de discordância? Como resolveram as discordâncias?

Além do registro do grupo, peça um pequeno registro pessoal de cada membro.

Percorra criticamente currículos e suportes didáticos

Quando estiver fazendo a seleção de conteúdos e suportes didáticos com outros professores, esteja atento e chame a atenção dos outros para realizar a revisão sistemática dos conteúdos ideológicos dos materiais curriculares e para incorporar textos e imagens de realidades culturais diversas. Também aproveite essa oportunidade para romper com estereótipos dominantes. Pergunte-se sempre sobre a visão de mundo e de sociedade por trás dos conteúdos escolares.

Galeria de personalidades

Realize com seus estudantes um estudo sobre a participação de mulheres, negros, etc. no mundo das ciências, das artes, da literatura. A ideia aqui é mostrar que o mundo das Ciências Humanas, Exatas e da Natureza não é um mundo apenas masculino e que outros povos, além dos europeus, tiveram um importante papel nas grandes descobertas e invenções da humanidade.

Dica

Monte com seus estudantes semanas de literatura étnicas. Apresente para eles textos de autores de diversos. Trabalhe a biografia de autores negros, japoneses, por exemplo, não se esqueça de apresentar autoras: mulheres negras, brancas, indígenas. A diversidade agradece!

Aprenda com o percurso

Mantenha um registro próprio sobre o seu aprendizado docente – de tempos em tempos, registre o que você tem aprendido como professor no desenvolvimento do projeto. No registro, escreva quais dificuldades e descobertas você experimentou e as estratégias criadas para trabalhar com os estudantes. Registre as atividades que você criou e o resultado delas. Descreva o que você aprendeu sobre a promoção da igualdade, o que acha que seus estudantes aprenderam. Lembre-se: manter um registro, além de possibilitar o resgate do seu saber docente, serve para orientá-lo em outros processos de promoção da igualdade e de construção de conhecimento.

Não confie na memória, anote!

Mantenha um registro do seu aprendizado docente – de tempos em tempos, registre o que você tem aprendido como professor no desenvolvimento do projeto. As dificuldades, os achados, as estratégias criadas, as atividades que você criou e o resultado deles, as respostas que deu, as vezes em que ficou em dúvida. Mantenha um registro para possibilitar o resgate do seu saber docente e para orientá-lo em outros processos de promoção da igualdade e de construção de conhecimento.

Experimente novos espaços de aprendizagem

Organize o trabalho pedagógico de forma que seus estudantes possam aprender em múltiplos espaços: museus e exposições, comunidades tradicionais, visita a organizações sociais que trabalhem com temáticas de cidadania, entre outros. Quando fizer isso, planeje com eles o que observar e as formas de registro. Lembre-se de conversar com eles depois e realizar um registro coletivo do que aprenderam e do que sentiram.

Crie um ambiente cooperativo em sala de aula

A atitude de cooperação leva os estudantes a adquirir maior respeito pelos outros e maior segurança para relacionar-se com os colegas. Quando o ambiente da sala de aula é hostil e competitivo, é impossível tentar estabelecer uma convivência respeitosa entre as diferenças e um fluxo de aprendizagem contínuo e coletivo.

Faça com seus estudantes uma lista de pequenas coisas que podem ser feitas no cotidiano para que haja cooperação em sala de aula. É importante que, antes de fazer a lista, os estudantes entendam conceitos de cooperação e solidariedade; assim, peça-os para buscar essas palavras no dicionário. Também pode-se selecionar textos, livros e filmes nos quais a experiência de cooperação e solidariedade esteja em foco.

Para que serve isso?

Desenvolva a prática de explicar para seus estudantes as razões e intenções pedagógicas ao trabalhar com temáticas e conteúdos curriculares, negocie com eles as formas de estudo, peça-lhes para opinarem sobre o estudo de temas e conteúdos. Saber os motivos pelos quais realizam uma atividade, aumenta o interesse dos estudantes e promove maior envolvimento deles nos trabalho, tornando a aprendizagem mais significativa. Ao trabalhar com as temáticas de inclusão, combate ao racismo e promoção da igualdade, deixe seus estudantes saberem e opinarem sobre a importância das temáticas e as suas consequências nas relações interpessoais e na vida em sociedade.

Fazendo limonada

Utilize os conflitos entre os estudantes a favor de seu projeto de promoção da igualdade, use-os para refletir com seus estudantes, sobre as suas causas e suas consequências e leve-os a pensar outras formas de resolvê-los. Os conflitos podem ser uma fonte de aprendizagem pessoal e social; o tratamento pedagógico dos conflitos possibilita a construção de valores, propicia a comunicação positiva, gera compreensão, aceitação, solidariedade.

Quando os conflitos ocorrem é preciso ajudar os estudantes a:

- Compreender e nomear claramente o que sentiram para si mesmos e para os outros.
- Aprender a lidar positivamente com a raiva e a frustração.
- Colocar-se no lugar do outro e criar empatia.
- Conhecer e respeitar direitos individuais.
- Reconhecer que cometeu equívocos.
- Criar autonomia e poder de responder proativamente quando provocado sem que isso cause danos ao seu autoconceito.

- Estabelecer capacidade de reflexão e mudança de comportamento; útil em outras situações de conflitos.
- Respeitar diferentes pontos de vista.
- Adquirir noção cada vez mais profunda de direitos humanos e cidadania.
- Entender que suas ações e reações têm consequências com as quais terão de lidar dentro da escola e na vida.
- Compreender que sentimentos como raiva, frustração, medo e humilhação são legítimos, mas que podem ser trabalhados positivamente, o que fortalece a autoestima e, como consequência, o desenvolvimento pessoal e educacional.
- Criar recursos internos não violentos para resolver futuros conflitos.

Chame as coisas pelo nome que elas têm

Uma das formas de combater o racismo, a discriminação e o preconceito no ambiente escolar é nomear corretamente as situações em que essas práticas parecem, quer no conflito entre estudantes, quer nos conteúdos das "brincadeiras" ou do material didático. Nomear corretamente essas práticas contribui para que os estudantes adquiram parâmetros para situar e alterar o seu comportamento em relação aos outros. À medida que vão compreendendo e incorporando esses conceitos, através de uma intervenção positiva e construtiva do professor, vão, também, ampliando a consciência das consequências de seus atos e, assim, reformulando-os.

Sugestões de atividades

1 Escala de valores

Objetivo: possibilitar a reflexão sobre os valores e as condutas pessoais para construir referências de valores coletivos para a convivência em grupo.

Material: formulário de Escala de valores (individual e grupal).

Procedimento:

- Distribuir o formulário para todos os participantes.
- Sugerir a leitura dos itens do formulário para esclarecimento de conceitos. Aproveite e peça aos estudantes para pesquisarem as palavras em um dicionário e solicite que exponham o seu entendimento sobre cada valor – nesse momento, o professor deverá estar atento para contribuir para o entendimento dos estudantes, dando exemplos e explicações adicionais.
- Sugerir que cada pessoa leia os itens que constam do formulário e numere-os de acordo com o grau de importância atribuído.
- Efetuar o mesmo procedimento em grupo, várias vezes, buscando extrair um conjunto de valores que nortearão a convivência do grupo.

Ao final, pode-se estabelecer quais os valores que nortearão o grupo a partir de então e listar as formas práticas como esses valores podem se manifestar nas relações interpessoais.

Escala de valores – modelo de formulário

Valor	Prioridade
Autorrealização	
Poder	
Honestidade	
Autonomia	
Dinheiro	
Espiritualidade	
Dever	
Diversidade	
Prestígio	
Segurança	
Prazer	
Competência	
Responsabilidade	
Igualdade	
Respeito	
Amizade	
Cooperação	
Solidariedade	
Diálogo	

* Faça adaptações para atender melhor a seus estudantes, considerando a faixa etária deles.

2 Bem viver e conviver no recreio

Objetivo: estabelecer um conjunto de procedimentos e acordos para a convivência pacífica e igualitária na hora do recreio.

Parte significativa dos conflitos e das discriminações que ocorrem na escola acontece na hora do recreio e nos intervalos entre as aulas. Para evitar que o recreio seja um momento de conflito no lugar de um tempo comum de lazer, elabore com seus estudantes acordos coletivos para esse momento. Também é interessante construir o hábito de dialogar com os estudantes após o recreio, para saber como ele transcorreu, se houve problemas e como foram resolvidos.

Há também a possibilidade de eleger, entre os estudantes, *os monitores do recreio*, que são os responsáveis por mediar os conflitos quando eles ocorrem e remetê-los aos docentes, caso não consigam mediar sozinhos.

✔ Dica

Não estabeleça um grupo fixo de estudantes para essa função, é importante que haja rodízio para que todos as experimentem.

Crie **atividades alternativas** no recreio – dependendo do espaço que a escola tem, você pode criar um espaço de descanso, um espaço de leitura de livros de literatura (inclua livros de literatura afro brasileira), um espaço de jogos de mesa, além de promover o resgate de brinquedos e brincadeiras populares.

Crie **"Desafios Legais"** – o desafio legal consiste em desafiar seus estudantes a realizarem algo diferente. Por exemplo: Desafio Legal de fazer um amigo novo no recreio; Desafio Legal de brincar sem machucar outra pessoa; Desafio Legal de ajudar a resolver um conflito; Desafio Legal de brincar com quem brinca sozinho.

Ao criar o **"Desafio Legal"** – diga para seus estudantes qual a sua importância, o que você pretende com isso e, no final retome, reflita com eles sobre a experiência. Incentive a continuidade do desafio.

3 E se fosse você? Criando empatia

Empatia é a capacidade de se colocar no lugar do outro, é a capacidade de "se sentir como" outras pessoas em determinadas situações. Uma pessoa dotada de empatia consegue perceber e se solidarizar em situações ruins, opressoras e constrangedoras vividas por outras pessoas.

Desenvolver a empatia entre os estudantes é uma boa forma de evitar que eles se violentem mutuamente, já que, assim, entendam os sentimentos negativos que isso provocaria no outro. Faça os estudantes trocarem de lugar, se colocarem no lugar do outro e expressarem os seus sentimentos a respeito.

Distribua entres eles vários cartões contendo situações diferentes. Peça que eles leiam o cartão várias vezes e depois escrevam atrás o que sentem a respeito. É importante que você deixe claro para os estudantes que é para escrever o que *sentem* a respeito, e não o que *fariam* a respeito.

Quando todos terminarem de escrever, discuta com a turma as situações e os *sentimentos* gerados por cada uma delas. Anote esses sentimentos no quadro e aprofunde a reflexão sobre eles.

Terminada essa etapa, liste com os estudantes as *consequências geradas* por cada um dos sentimentos, leve-os a ter uma visão de futuro. Caso a situação não mude, é necessário trabalhar com as consequências internas (o que acontecerá se a pessoa continuar a passar por situações constrangedoras) e as consequências sociais (como será a escola, a sociedade se a situação continuar existindo).

Repita a atividade em dias alternados durante o período que for necessário até que todos os estudantes tenham discutido todas as situações. Quando isso ocorrer, crie com eles acordos sobre como agir nas diversas situações.

Antes de iniciar a atividade, coloque algumas regras para os estudantes: a) não é permitido citar exemplos nem nomes de colegas da sala quando discutem a situação; b) não é permitido falar o que fariam, apenas dizer como se sentiriam a respeito; c) não é permitido fazer piadas ou inventar outros apelidos além dos que estão colocados nos cartões.

Para o professor:

- Distribua os cartões criteriosamente; por exemplo, não entregue o cartão com apelidos relativos a homossexualidade para a pessoa que passa por essa situação.
- É importante também que a atividade seja retomada continuamente, que os estudantes se lembrem das situações e dos sentimentos que tiveram.
- Estude com os estudantes sobre os sentimentos de maneira profunda, lembre-se de que não é fácil nomear sentimentos, entendê-los e agir de maneira positiva em relação a eles. Ajude seus estudantes com essa tarefa que lhes servirá para a vida inteira.
- Aproveite o momento para trabalhar o fortalecimento da autoestima dos estudantes que vivem as situações-problema, mas tenha cuidado para não culpabilizá-los pelos seus sentimentos; por exemplo, não vale dizer a um aluno que está sendo "*sensível demais*" quando não gosta dos apelidos ou das brincadeiras. A regra é não desautorizar sentimentos de ninguém, e sim trabalhá-los para gerarem uma convivência cooperativa e democrática.

 Dica

Uma variação da atividade com os cartões pode ser a utilização de imagens de jornais e revistas que demonstrem situações de medo, dor, pobreza, opressão, fome, entre outras.

Modelo de Ficha Situação –
Personagem "Uma Pessoa"

Uma pessoa entra em uma loja e o segurança a acompanha simplesmente porque a pessoa é negra.	**Uma pessoa** teve o seu cabelo cortado por um colega que disse que ia varrer a sala com a sua "vassoura".	**Uma pessoa** é frequentemente chamada de "macaco", "cor de carvão" e outras coisas pelo fato de ser negra.	Todos os dias **Uma pessoa** passa pela situação de ser chamado de "bichinha", "mulherzinha" e "boiola".
Uma pessoa tem dificuldades de se concentrar porque fica lembrando dos apelidos que os colegas colocaram.	Na aula de educação física e no recreio **Uma pessoa** tem dificuldades porque um grupo fica o chamando de "gordo", "baleia" e outros.	Quando passa nos corredores aquele grupo fica falando a respeito de **Uma pessoa**, apontando dedos, dando risadas.	Alguns não querem **Uma pessoa** no grupo de trabalho porque ela é negra.
Uma pessoa é isolado do grupo porque mora em um determinado lugar.	A religião de **Uma pessoa** é considerada errada por outras pessoas, que deixam de conversar com ela por esse motivo.	**Uma pessoa** vive sendo chateada por seus colegas por causa do lugar onde mora.	No recreio **Uma pessoa** nunca pode ocupar a quadra porque ela está sempre ocupada pelos meninos.

4 Trabalhando com provérbios africanos

Um provérbio é o cavalo que pode levar
alguém rapidamente à descoberta de ideias.
PROVÉRBIO AFRICANO

Os valores civilizatórios africanos são expressos de variadas formas: nos mitos, na arquitetura, nas lendas, nas formas de organização familiar, convivência social e, também, nos provérbios. Como acontece com todos os povos e culturas, os provérbios têm a função de transmitir uma mensagem, levar à reflexão de algum aspecto da realidade. Com suas frases curtas, possuem ritmos e rimas e são ricos em imagens, que sintetizam um conceito a respeito da realidade ou uma regra social ou moral.

Todos os povos têm seus provérbios, o que os torna um bom recurso para aproximar seus estudantes de culturas e visões de mundo diversas, além de contribuir para o desenvolvimento da capacidade de fazer analogias, compreender metáforas, realizar abstrações.

Antes de começar o trabalho com provérbios africanos com seus estudantes esteja atento ao seguinte:

- O sentido dos provérbios muda de acordo com a época e as culturas. De qualquer forma, é um exercício rico de exploração da sabedoria para a convivência que precisa ser resgatada.
- A seguir, selecionamos alguns provérbios[6] para os quais não existem referências de país ou cultura africana a que se referem; assim, é importante dizer aos estudantes que eles são provenientes de vários países africanos. É importante não deixar a ideia de que a África é um bloco único, mas sim um continente diverso em cultura, realidade e também com uma diversidade de provérbios. Lembre-se sempre de que *existem muitas Áfricas dentro da África*.

---

[6] Pesquise mais sobre provérbios africanos. Na internet, digite "provérbios africanos", em sua ferramenta de busca e encontrará vários sites, dicas de livros, etc.

- Para trabalhar com os provérbios, primeiro escreva-os em cartões e distribua-os para seus estudantes, organizados em grupos. Cada grupo deverá ficar com no máximo três cartões para que possam explorá-los de maneira adequada.
- Explique para os estudantes a atividade, faça um exercício modelo para toda a turma antes de solicitar que os grupos realizem a tarefa.

Exemplo:

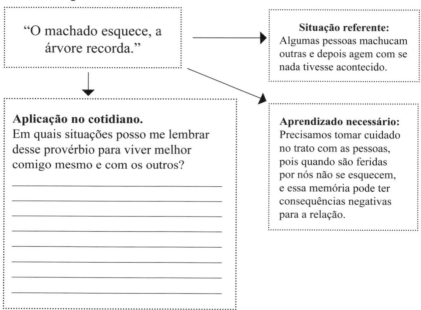

Importante: antes de iniciar o trabalho com seus estudantes, faça você mesmo o exercício com os provérbios para auxiliar e problematizar com os estudantes as situações nas quais eles podem ser aplicados.

Lista de provérbios africanos de vários povos

a) "Quando o rato ri do gato, há um buraco perto."
b) "Quando alguém está mordendo a sua mão, você não deve bater em sua cabeça."

c) "Se você está construindo uma casa e um prego quebra, você deixa de construir ou você muda o prego?"

d) "Para quem não sabe, um jardim é uma floresta."

e) "É melhor ser amado do que temido."

f) "Sem vingança, os males do mundo um dia ficarão extintos."

g) "O conhecimento é como um jardim: se não for cultivado, não pode ser colhido."

h) "Um camelo não zomba da corcunda de outro camelo."

i) "Não importa quão longa seja a noite, o dia virá certamente."

j) "Não pise no rabo do cachorro, e ele não o morderá."

k) "As lágrimas que descem pelo seu rosto não tiram sua visão."

l) "Se sua língua transformar-se em uma faca, cortará sua boca."

m) "Um pouco de chuva a cada dia encherá os rios até transbordarem."

n) "Até que os leões tenham suas histórias, os contos de caça glorificarão sempre o caçador."

o) "Quando as teias de aranha se juntam, elas podem amarrar um leão."

p) "Se você danificar o caráter de outro, você danifica o seu próprio."

q) "A chuva bate a pele de um leopardo, mas não tira suas manchas."

r) "Ninguém testa a profundidade de um rio com ambos os pés."

s) "Você não pode construir uma casa para o verão do ano passado."

t) "Nunca se esquecem as lições aprendidas na dor."

u) "Quando o galo está bêbado, esquece-se do gavião."

v) "A união do rebanho obriga o leão a ir dormir com fome."

w) "Muitas mãos fazem trabalho leve."

x) "Se você recusa conselho do ancião você andará o dia inteiro."

Provérbios da Guiné-Bissau

Localize-se e localize seus estudantes

A Guiné-Bissau é um país localizado na costa ocidental de África, estendendo-se, no litoral, desde o Cabo Roxo até a Ponta Cagete. Faz fronteira, ao norte, com o Senegal, a leste e sudeste com a Guiné e ao sul e oeste com o Oceano Atlântico. Além do território continental, o país integra ainda cerca de 80 ilhas que constituem o arquipélago dos Bijagós, separado do continente pelos canais dos rios Geba , Pedro Álvares, Bolama e Canhabaque.
Os provérbios a seguir são oriundos da Língua Crioula e com base no Português...

Dica: Estude com seus estudantes outros países falantes de português – explore com eles as variações e semelhanças.

---

a) "Em boca fechada não entram moscas."

b) "Quem tem boca não se perde no caminho."

c) "O ancião é um pote de remédios."

d) "Conselho de anciã é remédio."

e) "Saco vazio não fica em pé."

f) "Uma mão sozinha não bate palmas."

Faça seus estudantes viajarem pelo mundo através dos provérbios, pesquise com provérbios árabes, chineses, japoneses, russos, entre outros; compare com os provérbios africanos, com os brasileiros, veja suas semelhanças e diferenças; ajude-os a localizar os países de origem dos provérbios em mapas e no globo terrestre... enfim, mergulhe com seus estudantes nesse universo.

Provérbios chineses

a) "Aquele que se importa com os sentimentos dos outros não é um tolo."

b) "Palavras ríspidas e argumentos pobres nunca resolveram nada."

c) "A gente arruma os cabelos todos os dias: por que não o coração?"

d) "Há três coisas que nunca voltam atrás: a flecha lançada, a palavra pronunciada e a oportunidade perdida."

e) "Quando você perder, não perca a lição."

Provérbios árabes

a) "Uma pequena ferida detém o camelo."

b) "Quem responde com pressa raramente acerta."

c) "A palavra é como uma flecha que, uma vez lançada, não volta ao arco; assim, também a palavra não volta aos lábios."

d) "Se o que vai dizer não é tão bonito como o silêncio, não diga."

Provérbios brasileiros

a) "A vingança é doce, mas os frutos são amargos."

b) "Gente ruim é como dor de dente: quanto mais se presta atenção nela, mais incomoda."

Provérbios norte-americanos

a) "Uma mente fechada é como um livro fechado, simplesmente um bloco de madeira."

b) "Ninguém pode lhe fazer sentir inferior sem o seu consentimento."

c) Odiar alguém é como queimar sua casa para se livrar de um rato."

d) "A melhor maneira de ter a última palavra é se desculpando."

Explore com seus estudantes os valores de igualdade, solidariedade, cooperação, persistência, respeito pelos outros, etc. presentes nos provérbios.

Peça a eles para pesquisar quais provérbios seus familiares usam.

Os estudantes podem ainda ilustrar alguns provérbios e criar uma exposição com os desenhos nos corredores da escola.

---

5 Com a memória lembrando

Cuide para que as datas comemorativas na escola sejam também momentos de reflexão. Uma forma de fazer isso é elaborar um quadro, como no exemplo a seguir, de datas que são significativas para promover a igualdade.

Data	Histórico	Questões para aprofundamento
8 de março: Dia Internacional da Mulher	Em 1857, mulheres que trabalhavam como operárias em uma fábrica de tecidos em Nova Iorque reivindicaram salário justo e a redução da jornada de trabalho. A polícia, para reprimir o protesto das mulheres, trancou as portas da fábrica e ateou fogo nela, matando 129 mulheres. No momento do incêndio estava sendo confeccionado um tecido de cor lilás, que, mais tarde, se tornou a cor símbolo da luta pelos direitos das mulheres em todo o mundo.	Como está a atual situação da mulher no Brasil? Como são as relações entre homens e mulheres em espaços como trabalho e escola? Pesquise dados sobre a feminização da pobreza e o crescimento dos índices de mulheres como chefes de domicílio. Aproveite para estudar as novas formas de organização familiar.

21 de março: Dia Internacional pela Eliminação da discriminação Racial	A 21 de Março de 1960, a polícia do regime de apartheid sul-africano abriu fogo sobre uma manifestação pacífica, em Sharpeville, contra as leis de segregação racial daquele país. Sessenta e nove pessoas foram mortas e dezenas ficaram feridas sem ter chance de se defender. Em 1976, a ONU escolhe o dia 21 de março como o Dia Internacional pela Eliminação da Discriminação Racial.	Quanto tempo durou e como era estruturado o apartheid na África do Sul? Quem foi o maior líder sul-africano da luta contra o apartheid? Qual é o papel da ONU no estabelecimento de uma cultura de paz no mundo?
13 de maio: Dia Nacional de Denuncia Contra o Racismo	A mudança do foco desta data (originalmente, dia em que foi sancionada a Lei Áurea) foi feita por uma opção política do Movimento Negro Unificado (MNU – que foi fundado em 1978 em São Paulo e se espalhou pelo Brasil) para denunciar a forma como a Abolição da Escravatura no Brasil foi realizada e as suas consequências para a população negra. É uma data de reflexão sobre a situação da população negra no Brasil.	Qual foi a motivação do movimento negro para mudar o foco da data? O que aconteceu com a população negra após a Abolição da Escravatura? Que formas de resistência negra forçaram o processo de Abolição?

18 de maio: Dia Nacional de Combate ao Abuso e à Exploração Sexual de Crianças e Adolescentes	Data instituída com o propósito de mobilizar a sociedade civil, a mídia e o governo para o enfrentamento desse grave problema brasileiro. A data escolhida é a da morte de Araceli, menina de oito anos violentada e morta de forma hedionda em meio a uma orgia sexual e drogas, no estado do Espírito Santo. Apesar de identificados, os culpados por sua morte nunca foram punidos.	Qual o cenário da exploração sexual de crianças no Brasil? Quais os serviços de proteção às crianças existentes no seu município?
25 de julho: Dia Internacional da Mulher Negra Latino-americana e Caribenha	A data foi criada em 1992, Primeiro Encontro de Mulheres Afro-Latino-Americanas e Afro-Caribenhas, em Santo Domingo, capital da República Dominicana. As mulheres ali reunidas determinaram que o 25 de julho seria, a cada ano, lembrado como um símbolo da resistência e das lutas das mulheres negras.	Qual é a situação das mulheres negras no Brasil? Como o racismo e o sexismo afetam as mulheres negras? Pesquisa: o papel da mulher negra no combate ao racismo. Nomes de mulheres negras proeminentes na luta contra as desigualdades e na ruptura das barreiras sociais, culturais, etc.

		Quem foi Zumbi dos Palmares?
20 de novembro: Dia da Consciência Negra	Dia apontado como o dia da morte de Zumbi dos Palmares, em 1695. Tornou-se um marco primordial para refletir sobre a situação da população negra brasileira.	Proponha o mapeamento das entidades do movimento negro em sua cidade. Faça um informativo sobre as principais atividades que acontecem nesse dia. Se for o caso, pesquise na internet.

Outras ações

Imagens inclusivas

Olhe para paredes, murais e cartazes espalhados pelos corredores de sua escola. Olhou? Agora responda: eles refletem a diversidade dos estudantes e alunas da escola?

É comum, infelizmente, que a decoração das escolas represente um único padrão estético e que não retrate a diversidade racial das crianças que frequentam a escola real. Mude isso. Cuide para que os corredores, cartazes, livros e outros, contenham imagens de personagens negros, brancos, indígenas e orientais. Faça isso sem reforçar estereótipos. Quando seus estudantes "se veem" no espaço escolar, sentem-se mais acolhidos.

Reflexão de corredor

Faça dos corredores da escola um suporte para a reflexão. Afixe neles: mensagens, trechos dos Direitos Humanos, da Constituição, provérbios de várias culturas, frases ditas por grandes líderes negros, indígenas, mulheres, entre outros. Espalhe-os pela escola e faça dela um espaço fisicamente acolhedor e promotor do respeito às diferenças.

Código escolar para o combate ao racismo e promoção da igualdade

Uma necessidade real nas escolas que querem promover a igualdade e combater o racismo, a discriminação e o preconceito é a criação de um código comum de condutas que regule atitudes e construa uma coesão entre os docentes sobre a maneira de agir a respeito disso.

Infelizmente, é frequente que as escolas não tenham esse código escrito, conhecido e seguido por todos no ambiente educativo. Quando conflitos ocorrem, fica a cargo do professor que estiver mais próximo no momento fazer a mediação, e, ao fazê-lo, usa seu próprio senso interno no lugar de normas explícitas para toda a escola.

Um exemplo disso é o que acontece em relação ao estabelecimento de normas disciplinares: o que para um professore é passível de advertência, para outro pode não ser. Assim, os estudantes são expostos a normas diferentes o tempo todo, sem saber de fato o que é certo, errado, prejudicial ou não.

A ausência de um código comum de regras, condutas e normas é, muitas vezes, causadora de problemas para o próprio grupo de professores, que se acusam mutuamente de "passar a mão" na cabeça dos estudantes ou agir de maneira exagerada em relação a eles.

No que tange à promoção da igualdade, é preciso que as regras sejam claras e compartilhadas; daí a importância de existir um código comum e regulador das relações interpessoais e dos direitos sociais na escola. É necessário o envolvimento de todos (familiares, estudantes, comunidade, professores, auxiliares, direção e coordenação) na construção desse código comum.

Para construí-lo use textos de suporte, discuta com seus estudantes, mobilize-os, use o diagnóstico escolar que você respondeu anteriormente para justificar a necessidade de mudança da situação.

É importante ter claro que o código de condutas é parte de um processo de educação em valores, na cidadania, de afirmação de direitos, e sua elaboração pode ser um momento rico de ensinar participação. Assim, promova assembleias entre os estudantes, reuniões; crie comissões para recolher e sistematizar informações importantes para cada aspecto do código; faça votações, dinâmicas de debate sobre o conteúdo.

Durante o processo de construção do código, promova um ambiente de participação real dos estudantes e de toda a comunidade escolar.

Observatório da igualdade racial e de gênero na escola

A constituição de observatórios é, atualmente, uma prática largamente difundida. Inicialmente, eles eram utilizados apenas pela astronomia e pela meteorologia, mas, hoje, temos observatórios da impressa, dos direitos das crianças, das favelas, da juventude, além de muitos dos direitos humanos.

Os observatórios têm, em geral, o objetivo de monitorar as ações e políticas nas suas áreas de interesse e de produzir informações e conhecimentos com vistas a garantir direitos, fortalecer lideranças e monitorar a vivência de direitos e aplicação de leis, entre outros.

Construir um observatório da igualdade racial e de gênero na escola é uma estratégia rica para manter viva no ambiente escolar a reflexão sobre essas temáticas.

O observatório pode ser montando em um espaço em sala de aula, na biblioteca, no corredor, no pátio e até mesmo na cantina da escola. A ideia é incentivar os estudantes a levarem imagens, reportagens e dados sobre as condições de vida de negros, mulheres, povos indígenas e ciganos, entre outros, e, com a ajuda do professor, refletir sobre essas condições tendo como referências a Declaração Universal dos Direitos Humanos, a Constituição Federal do Brasil, o Estatuto da Criança e do Adolescente, o Estatuto da Igualdade Racial, entre outros.

O observatório pode ter divisão temática, por exemplo: população negra; crianças e adolescentes; jovens; mulheres; homossexuais; fome e pobreza; tolerância religiosa.

Além de selecionar, catalogar, ler, interpretar, reescrever, discutir e se posicionar sobre os dados coletados, os estudantes podem construir um pequeno informativo no qual alertem aos outros e à comunidade sobre o desrespeito dos direitos humanos no cotidiano e deem dicas sobre o que fazer.

✔ Dica

Pesquise com seus estudantes os observatórios existentes no Brasil, navegue com eles pelas suas páginas na internet, reflita sobre os dados apresentados. Eis os endereços de alguns para você começar:

- Observatório da infância: www.observatoriodainfancia.com.br/
- Observatório da juventude: www.fae.ufmg.br/objuventude; http://www.observatoriojovem.org/
- Observatório dos direitos humanos: www.nevusp.org/observatorio/
- Observatório do idoso: www.direitoshumanos.gov.br/observatorioidoso
- Observatório da mulher: observatoriodamulher.org.br

Para escolher livros para seus estudantes

A escolha de livros para estudantes é uma atividade que requer alguns cuidados por parte do professor, uma vez que muitos reforçam preconceitos e estereótipos, se não no seu conteúdo, o faz na sua ilustração.

Não se trata de estabelecer uma censura em relação aos livros, mas da importância de o professor ter o cuidado de dar um tratamento pedagógico ao conteúdo e às imagens, aproveitando para promover a igualdade dentro da escola.

Para contribuir, antes que o professor indique um livro para os estudantes, sugiro alguns cuidados na seleção deles.

Livro: XXXXXXXXXX				
Aspectos a serem analisados	Sim	Não	Como trabalhar esse aspecto com os estudantes?	Observação do professor
Reforçam estereótipos de gênero (ou seja, passam mensagens e imagens de meninas em uma situação de desvantagem social)? Como tratá-los no final da leitura?				
Reforçam preconceitos contra os homossexuais? Como tratá-los no final da leitura?				
O conteúdo oferece condições para que os estudantes possam descobrir a sua capacidade de criar, inventar e reinventar suas condições de vida?				
O conteúdo precisará de mediação de um adulto para que o aluno entenda? Em que sentido? Como fazer?				
O conteúdo coloca o aluno em contato com diferentes sentimentos? Quais? Como trabalhar posteriormente?				

O trato com questões como amor, morte, separação, o processo de crescimento, a violência, a sexualidade, as conquistas e os preconceitos acontece de maneira positiva ou possibilita reflexão a respeito dessas questões?			
Quando aborda usos e costumes de outras culturas (negra, indígena, cigana) o faz de maneira respeitosa?			
As ilustrações reforçam estereótipos sobre negros, mulheres, indígenas, etc.? Quais? Como tratá-los no final da leitura?			
Quando apresenta conflitos, oferece a possibilidade de promover a cultura de paz?			
O livro é um clássico? Como retrata as questões de raça e gênero impostas pela época? Como o contexto mudou?			
O contexto histórico, social e político apresentado tem relação com a realidade brasileira?			

Pode-se discutir sobre valores após a leitura? Quais?				
O conteúdo dialoga com conteúdos das disciplinas escolares? Quais?				
O conteúdo transmite visões de mundo e de sociedade? Quais?				

Percorra criticamente currículos e suportes didáticos

Quando estiver fazendo a seleção de conteúdos e suportes didáticos com outros professores, esteja atento e chame a atenção deles para realizar a revisão sistemática dos conteúdos ideológicos dos materiais curriculares e para incorporar textos e imagens de realidades culturais diversas. Também aproveite essa oportunidade para romper com estereótipos dominantes. Pergunte-se sempre sobre a visão de mundo e de sociedade por trás dos conteúdos escolares.

Celebre as diferenças

Crie momentos de festa com seus alunos e alunas. Momentos simples, em que eles possam comemorar o fato de estarem e aprenderem juntos.

Incentive seus estudantes a trocarem de lugar na sala

Incentive seus estudantes a sentar-se em diferentes locais, perto de diferentes pessoas, desafie-os a conversar com quem normalmente não conversam. Isso ajuda a construir um clima amistoso na sala de aula e a incluir estudantes que sempre ficam quietos em seus "cantinhos". Faça-o de forma respeitosa, amena; não force a barra. Se os estudantes não quiserem trocar de lugar ou de grupo de trabalho no início, respeite, vá com calma e invente novas formas de incentivo. Lembre-se de que a ideia é dar oportunidade aos estudantes de ampliarem seu ciclo de amizade, e não obrigá-los a se relacionar.

Construa com seus estudantes Murais da Diferença

Construa murais de diferentes gostos musicais, filmes, brincadeiras, composição familiar, preferências de lazer – além das diferenças físicas. A ideia aqui é ensinar aos estudantes que todos somos diferentes e únicos em muitos aspectos.

Mande bilhetes com elogios

Mude o "tom" dos bilhetes que envia para os familiares. Adquira o hábito de comunicar para eles os avanços de seus estudantes ou de elogiar suas características, comportamentos, aprendizados. Essa prática cria uma proximidade maior entre a escola e a família, além de aumentar a autoestima do aluno.

Ouça com ouvidos de ouvir e veja com olhos de ver

Procure prestar atenção nas queixas de seus estudantes, ler nas entrelinhas. Muitas vezes estamos ocupados demais e banalizamos as queixas sobre um problema entre os alunos. Essa atitude promove a manutenção de duas posturas perigosas: de um lado, incentiva o estudante que maltrata o colega e, de outro, fragiliza ainda mais quem está na posição de vítima. Procure observar também mudanças de comportamento, pois podem ser formas de pedir ajuda.

Um agosto diferente – O Agosto Negro

Na década de 1970, na Califórnia, EUA, negros e negras norte-americanos se uniram para celebrar a cultura negra, como forma de resistência da identidade negra naquele país e um símbolo da luta contra a opressão. Assim foi criado o festival de cultura e arte negra Agosto Negro. A ideia ganhou adeptos em várias partes do mundo, como Caribe, África do Sul, França e Rússia.[7]

---

[7] Fonte: *Revista Trip*. Agosto de 2005. Disponível em: <http://www.revistatrip.uol.com.br/>.

Sabemos que agosto é o mês em que muitas escolas comemoram o folclore, geralmente no dia 22. É certo também que, muitas vezes, nas atividades relativas ao folclore, as culturas negras e indígenas apareçam de maneira distorcida, como se fossem culturas menores. É preciso cuidar para que a cultura negra seja tratada de maneira correta e não folclorizada na escola; para tanto, uma saída interessante é a promoção do Agosto Negro, festival de cultura negra realizado aos moldes daquele dos EUA, pelos próprios estudantes e/ou por convidados.

 Dica

Se estiver trabalhando com estudantes do final do ensino fundamental e do ensino médio, uma boa ideia é assistir com eles a *Agosto negro*. O filme conta a história de George Lester Jackson, ativista negro preso por roubar 71 dólares em um posto de gasolina.

Ficha técnica

Título no Brasil: *Agosto negro*
Título original: *Black August*
País de origem: EUA
Gênero: Drama
Diretor: Samm Styles
Ano de lançamento: 2007
Duração: 115 minutos

Oficinas jurídicas

Se o racismo não existisse, não precisaríamos de leis para combatê-lo. A sociedade brasileira, mesmo com toda a dificuldade de assumir o racismo reinante em si, avançou com a constituição de um conjunto de leis de combate ao racismo e também no sentido de ser consignatário de convenções e leis internacionais de combate à discriminação racial.

O fato de instituir leis específicas para combater o racismo é uma prova irrefutável de sua existência e de suas consequências para a vida de quem sofre a violência racista e quem a prática.

Nas escolas que educam para a igualdade e para a cidadania, é imprescindível que os alunos tenham oportunidade de estudar leis, estatutos e outras normas jurídicas relativas aos direitos humanos e, especificamente, de combate ao racismo, direitos das crianças e adolescentes o direitos das mulheres.

Assim, promova com seus alunos oficinas jurídicas em que eles poderão conhecer, refletir e estudar as leis relativas às temáticas. Além das leis – que citamos a seguir –, também podem ser utilizados na oficina jurídica: trechos de filmes, recortes de jornais, fotos e cenas de novela; o importante é realizar diálogos sobre direitos, deveres, procedimentos e instrumentos para a garantia de direitos.

Aproveite a oportunidade para fazer um levantamento das organizações de defesa desses direitos existentes[8] em sua cidade, disponibilize os endereços para seus alunos, agende visitas, entrevistas, solicite palestras. Lembre-se de preparar roteiros de visitas e entrevistas e folhas de registro para as palestras. De preferência, ajude previamente seus alunos a elaborarem perguntas, para que eles aproveitem ao máximo a atividade.

Leis nacionais e internacionais de combate ao racismo

Leis nacionais

O racismo é crime previsto na Constituição Federal do Brasil, promulgada no dia 5 de outubro de 1988, tendo caráter inafiançável e imprescritível; ou seja, é um crime ao qual não cabe fiança, e a vítima pode responsabilizar o autor do crime a qualquer momento.

O que diz a Legislação:

Na **Constituição Federal de 1988**, nos seguintes artigos:

---

[8] Conselho tutelar, ministério público, secretarias específicas. Caso não existam em sua cidade, pesquise na internet e/ou convide militantes para dar palestras em sua escola.

Artigo 1º: A República Federativa do Brasil, formada pela união indissolúvel dos Estados e Municípios e do Distrito Federal, constitui-se em Estado democrático de direito e tem como fundamentos:

II - a cidadania;

III - a dignidade da pessoa humana;

Artigo 3º: Os objetivos fundamentais da República são:

IV - promover o bem de todos, sem preconceitos de origem, raça, sexo, cor, idade e quaisquer outras formas de discriminação;

Artigo 4º: A República Federativa do Brasil rege-se nas suas relações internacionais pelos seguintes princípios:

VIII - repúdio ao terrorismo e ao racismo;

Artigo 5º: Todos são iguais perante e lei, sem distinção de qualquer natureza;

XLI - a lei punirá qualquer discriminação atentatória aos direitos e liberdades fundamentais;

XLI I - a prática do racismo constitui crime inafiançável e imprescritível, sujeito à pena de reclusão.

Na **Lei nº 7.716**, de 5 de janeiro de 1989, também conhecida por **Lei Caó:** define os crimes resultantes de preconceito de raça ou de cor, etnia, religião e procedência nacional. O bem jurídico tutelado *in casu* é o direito à igualdade.

A **Lei nº 9.459,** de 13 de maio de 1997, acrescenta o parágrafo 3º no artigo 140 do Código Penal: é crime de injúria real, se a injúria consistir na utilização de elementos referentes a raça, cor, etnia, religião ou origem. A pena é de 3 anos de reclusão e multa. Trata-se da proteção da honra subjetiva da pessoa.

Mídia

Existem leis que coíbem o racismo na mídia. A **Lei nº 8.081,** de 21 de setembro de 1990, altera a Lei nº 7.716, a Lei Caó, em seu artigo 20, que expressa que: "Praticar, induzir ou incitar a discriminação ou preconceito de raça, cor, etnia, religião ou procedência nacional, a pena é de reclusão de 1 a 3 anos e multa:

Parágrafo 2º - Se qualquer dos crimes previstos no *caput* é cometido por intermédio dos meios de comunicação social ou publicação de qualquer natureza, a pena é de reclusão de 2 a 5 anos e multa.

Código de Defesa do Consumidor

Lei nº 8.078, de 11 de setembro de 1990, dispõe no artigo 37 que é proibida toda a publicidade enganosa ou abusiva. E, no parágrafo 2º: "É abusiva, dentre outras, a publicidade discriminatória de qualquer natureza [...]".

Estatuto da Criança e do Adolescente

Lei 8.069, de 13 de julho de 1990, na proteção da criança e do adolescente, dispõe no seu:

Artigo 5º - Nenhuma criança ou adolescente será objeto de qualquer forma de negligência, discriminação, exploração, violência, crueldade e opressão, punido na forma da lei qualquer atentado, por ação ou omissão a seus direitos fundamentais.

Lei de Tortura

A **Lei nº 9.455**, de 7 de abril de 1997, prevê em seu artigo 1º, inciso I, letra *c*: "Constitui crime de tortura"

I - constranger alguém com emprego de violência ou grave ameaça, causando-lhe sofrimento físico ou mental:

c) "em razão de discriminação racial ou religiosa".

Leis internacionais

O Brasil é signatário de inúmeras declarações internacionais, o que significa que se obriga a cumprir as normas nelas estabelecidas.

Declaração Universal dos Direitos Humanos

Ela dispõe:

Artigo 1º - todos os seres humanos nascem livres e iguais em dignidade e direitos, são dotados de razão e consciências e devem agir em relação uns aos outros com espírito de fraternidade;

Artigo 2º - toda pessoa tem capacidade para gozar os direitos e as liberdades estabelecidas nesta Declaração, sem distinção de qualquer espécie, seja de raça, cor, sexo, língua, religião, opinião política, ou de outra natureza, origem nacional ou social, riqueza, nascimento, ou qualquer outra condição.

Não discriminação no mundo do trabalho

A **Convenção nº 111**, de 1958 – Discriminação em Matéria de Emprego e Profissão, dispõe:

Artigo 2º - Qualquer membro para o qual a presente Convenção se encontre em vigor compromete-se a formular e aplicar uma política nacional que tenha por fim promover, por métodos adequados às circunstâncias e aos usos nacionais, a igualdade de oportunidades e de tratamento em matéria de emprego e profissão, como objetivo de eliminar toda discriminação nessa matéria.

Eliminação de todas as formas de discriminação racial

A Convenção Internacional sobre a Eliminação de Todas as Formas de Discriminação Racial, de 21 de dezembro de 1965, dispõe.

Artigo II - Os Estados partes condenam a discriminação racial e comprometem-se a adotar, por todos os meios apropriados, e sem tardar, uma política de eliminação da discriminação racial em todas as suas formas e de promoção de entendimento entre as raças.

Artigo III - Os Estados partes especialmente condenam a segregação racial e o apartheid e comprometem-se a proibir e a eliminar nos territórios sob sua jurisdição todas as práticas dessa natureza.

Artigo V - Os Estados partes comprometem-se a proibir e a eliminar a discriminação racial em todas as suas formas e a garantir o direito de cada um à igualdade perante a lei, sem distinção de raça, cor, ou de origem nacional ou étnica.

Artigo VI - Os Estados partes assegurarão a qualquer pessoa que estiver sob sua jurisdição, proteção e recursos efetivos perante os tribunais nacionais e outros órgãos do Estado competente, contra quaisquer atos de discriminação racial que, contrariamente à presente Convenção, violarem seus direitos individuais e suas liberdades fundamentais, assim como o direito de pedir a esses tribunais uma satisfação ou reparação justa e adequada por qualquer dano de que foi vítima em decorrência de tal discriminação.

Artigo VII - Os Estados partes comprometem-se a tomar as medidas imediatas e eficazes, principalmente no campo do ensino, educação, da cultura, e da informação, para lutas contra os preconceitos que levem à discriminação racial e para promover o entendimento, a tolerância e a amizade entre nações e grupos raciais e étnicos, assim como propagar o objetivo e princípios da Carta das Nações Unidas, da Declaração das Nações Unidas sobre a Eliminação de Todas as Formas de Discriminação Racial e da presente Convenção.

Sistematizando o caminho

Até aqui fizemos um percurso em que geramos muitas informações. Assim, criamos um formulário para ajudar você a sistematizar e organizá-las. Após preenchê-lo, você conseguirá ter um mapa projeto em mãos para começar seu trabalho.

Título do projeto (procure dar um título que comunique diretamente as intenções do seu projeto)

Descreva a situação de discriminação que motivou elaboração do projeto (use os dados do Diagnóstico, descreva como essa situação foi percebida por você e quais os impactos dela na escola)

Justificativa (escreva os motivos pelos quais essa situação deve ser alterada e quais serão as consequências – educacionais, sociais e outras – caso não haja uma atuação pedagógica que promova essa mudança)

Onde atuar primeiro? O que fazer? Com quais objetivos? (pode existir uma variedade de coisas a serem feitas para promover a igualdade e combater o racismo, e, às vezes, é preciso fazer escolhas, como por onde começar – eleja um aspecto do problema para dar o pontapé inicial. Escreva seus objetivos com a proposta)

O que fazer?

Objetivo geral:

Objetivos específicos:

Natureza da intervenção proposta (escolha alguns caminhos para o seu projeto – isso te ajudará a pensar as atividades a serem realizadas para alcançar seus objetivos. Use as respostas que você na Metodologia das Perguntas,elas te ajudarão a pensar no como fazer)

( ) Formação (cursos e encontros)	( ) Campanhas
( ) Organização/articulação/mobilização escolar	( ) Pesquisas
( ) Jogos	Outras:

Especificação do público a ser trabalhado (caso não seja possível trabalhar com o todo o coletivo escolar, escolha o público. Lembre-se: você sempre poderá ampliar o público, as atividades... A ideia é começar de algum lugar. Pode-se eleger mais de um segmento para trabalhar. Especificar o público ajuda a elaborar e adequar atividades)

( ) crianças e adolescentes	( ) jovens	( ) Adultos
( ) Familiares	( ) Professores	( ) Auxiliares de Serviços escolares	( ) Gestores

Abrangência (qual será a abrangência inicial de seu projeto? Com quantas pessoas quer começar?)

( ) em uma sala de aula	( ) em mais de uma sala de aula. Quantas?	( ) em uma escola	( ) em 1 turno escolar	( ) em vários turnos escolares.

Como pretende alterar a situação descrita acima? (descreva que tipo de intervenção foi elaborado para mudar a situação descrita)

Parceiros, suportes, conhecimentos (escreva aqui nomes de pessoas e/ou entidades você pode acionar para contribuir com você)	
Parceiro	Qual contribuição pode oferecer
Suportes (livros, textos, entrevistas, CDs, etc.)	Como esse suporte pode auxiliar você?
Conhecimentos	Quais áreas de conhecimento podem ajudá-lo no desenvolvimento do projeto?

Plano de trabalho (que atividades realizar e com qual metodologia para mudar a situação descrita)
Atividade 1
Atividade 2
Atividade 3

Resultados de promoção da igualdade esperados (descreva as mudanças positivas que pretende com o seu projeto)	
Resultados de relações interpessoais com alunos	
Resultados de aprendizagem	
Resultados de vivência na cidadania	
Outros	

Indicadores (o que vai demonstrar que a situação está mudando, que sua atuação está dando certo? Escreva indicadores para nortear o seu trabalho)

Avaliação (como você vai avaliar o seu projeto ao longo do desenvolvimento? Que instrumentos de avaliação vai usar?)

Continuidade (indique perspectivas de continuidade das mudanças após o término do seu projeto. O que você pretende fazer para que as mudanças sejam duradouras?)

Registro (como você vai registrar o desenvolvimento do projeto? Vai ter um caderno de registros? Vai filmar ou fotografar? Liste suas ideias para registrar o processo para você, e, para registro dos alunos, crie uma memória do projeto)

Avaliação do processo

Como saber que seu trabalho está dando resultado? Crie indicadores que lhe darão condições de perceber se o que você está fazendo está de fato contribuindo para o combate ao racismo. Os indicadores podem ser qualitativos e/ou quantitativos e ajudam (e muito) no processo de trabalho. Com indicadores, você não vai precisar esperar chegar ao fim do seu projeto para saber se alcançou seus objetivos; eles dão informações ao longo de todo o processo.

Alguns exemplos de indicadores:

- Diminuição do número de brigas no recreio e na saída das aulas.
- Maior facilidade de organizar grupos de trabalho com os alunos.
- Número de professores envolvidos com o projeto.
- Número de familiares envolvidos.

- Demonstração, por parte de alunos antes muito tímidos, de segurança para participar das atividades escolares.
- Melhoria nas relações interpessoais na escola.
- Decoração do ambiente escolar com maior representação da diversidade racial dos estudantes.
- Abordagens curriculares mais inclusivas, considerando várias culturas.

São muitas as formas de ver se o projeto está tendo resultados. O importante é lembrar-se de manter um diálogo constante no interior da escola, observar as reações dos estudantes, cuidar dos incômodos que podem surgir e, sobretudo, desenvolver uma consciência profunda de que a *igualdade na diversidade* é o caminho para a construção de conhecimentos e de um mundo melhor.

Algumas estratégias para a avaliação processual:

- Estabelecimento de um diário de bordo em que os estudantes registram, via desenho e/ou escrita, sentimentos, opiniões e reflexões sobre a temática.
- Estabelecimento de rodas de avaliação nas quais, em grupo, os alunos avaliam os impactos e as mudanças proporcionadas pelo desenvolvimento do projeto.
- Avaliação com os familiares – pode-se convidar familiares a expressarem suas opiniões e darem retorno sobre as mudanças ocorridas no comportamento dos estudantes a partir do desenvolvimento do projeto.
- Autoavaliação – a partir de um roteiro prévio, os alunos avaliam e registram suas mudanças e os aspectos que precisam ainda trabalhar.

Continuidade – pensar estratégias para que as mudanças durem mais que uma semana ou um mês.

"Fazendo, fazendo... um dia encontra feito"

Promover mudanças na vida, na escola, nas pessoas e em nós mesmos é um trabalho contínuo. Precisamos sempre lavrar a terra, lançar novas sementes, conseguir novos aliados. Muitas vezes vemos resultados imediatos, outras tantas demoramos a ver os frutos e ainda há casos nos quais fazemos uma parte e passamos o bastão para outros continuarem no percurso.

Ao implantar um projeto de promoção da igualdade na escola, temos de lembrar que ele não termina quando realizamos a última atividade proposta; ele é um processo contínuo de relações humanas, de aprendizado de relações democráticas, de aprendizado de convivência humana, de conhecimento e reconhecimento do outro e de nós mesmos como (sempre) outros de alguém.

Em determinado momento, trabalhamos um aspecto do respeito às diferenças e logo veremos que precisaremos trabalhar, em nós e com nossos estudantes, outro aspecto; afinal, estamos falando da educação como um *processo contínuo de desenvolvimento humano*.

Sendo assim, esteja atento para o fato de que é preciso criar estratégias para o aprendizado e a mudança continuarem ocorrendo. Se forem construídas regras de convivência respeitosa, é preciso cuidar para que todos as respeitem sempre, é necessário retomá-las, fazer os estudantes se lembrarem que elas existem.

O diagnóstico feito inicialmente expôs um cenário escolar. De tempos em tempos, seria interessante refazê-lo para saber em que avançamos ou ainda precisamos avançar.

É preciso ter em mente que mudanças advêm de processos contínuos, e não de eventos isolados, e que mudanças externas são oriundas de transformações internas pelas quais passamos nesse continuado processo de desenvolvimento humano pessoal e coletivo.

IX. Finalizando, por enquanto

Ao chegar neste ponto me recordo de que, muitas vezes, ouvi dizer que "o fim é sempre um novo começo", e eu desejo que seja assim.

Até aqui busquei conversar um pouco sobre os processos de igualdade, diferenças e a forma como elas ocorrem no interior da escola. Sei que há muito ainda a ser dito, lido, visto, debatido e refletido e espero que cada um de nós continue percorrendo este caminho, qual seja, o de buscar contribuir para fazer nossas relações humanas e sociais mais iguais e solidárias.

Desejo que possamos continuar incomodados com as desigualdades, assustados com as injustiças e temerosos diante da violência, para que sejamos impelidos a fazer, falar, tocar, mudar alguma coisa, mesmo que a nossa contribuição possa parecer pequena diante dos grandes problemas presentes na vida e na escola.

Quase finalizando, compartilho com vocês mais uma reflexão.

——— LEITURA ILUSTRATIVA ———
Os meninos e as rãs[9]

Algumas crianças estavam brincando na beira de um lago quando viram algumas rãs nadando no raso. Primeiro observaram seus movimentos e depois, para se divertir, começaram a jogar pedras nas rãs. As rãs defendiam-se como podiam, escondendo-se e saltando assustadas. Muitas pedras acertaram as patas e a cabeças, fazendo escorrer um líquido viçoso pelo corpo das rãs. De tão machucadas não mais nadavam ou pulavam, e boiavam mortas na água. As crianças riam alto e se gabavam por terem pontaria tão certeira, se deliciando com a recém-inventada brincadeira.

De "brincadeira" as crianças jogam pedras nas rãs, mas não é de brincadeira que elas morrem.

Obrigada por ter me feito companhia nestas reflexões!

---

[9] *Fábula de Esopo*, recontada livremente pela autora.

Referências

BENNETT, W. J. *O livro das virtudes para crianças*. Rio de Janeiro: Nova Fronteira, 1997.

BOSI, A. *Dialética da colonização*. São Paulo: Companhia das Letras, 1992.

CUTI (Org). *E disse o velho militante José Correa leite. Depoimentos e artigos*. São Paulo: Secretaria Municipal de Cultura, 1992.

ELLISON, R. *O homem invisível*. Tradução de Márcia Serra. São Paulo: Marco Zero, 1952.

HOUAISS, A.; VILLAR, M. S.; FRANCO, F. M. *Dicionário Houaiss da língua portuguesa*. Rio de Janeiro: Objetiva, 2001.

LEITE, D. M. *O caráter nacional brasileiro*. São Paulo: Pioneira, 1983.

MOREL, E. *A Revolta da Chibata*. Rio de Janeiro: Paz e Terra, 2005.

NASCIMENTO, Elisa Larkin (Org.). *A matriz africana no mundo*. São Paulo, Selo Negro, 2008.

SENGE, P. M. *A quinta disciplina*. São Paulo: Best Seller, 1990.

ESTE LIVRO FOI COMPOSTO COM TIPOGRAFIA PALATINO E IMPRESSO

EM PAPEL OFF SET 75 G NA GRÁFICA EDELBRA.